ラグビー・フォー・オール
―日本がひとつになるとき―

上野　裕一
（日本ラグビーフットボール協会　普及・競技力向上委員会委員長）

目次

序　章　新たな時代へ　　　　　　　　　5
第1章　日本ラグビーの現状　　　　　　9
　　　1. 世界ランキング
　　　2. 7人制ラグビー
　　　3. 女子ラグビー
　　　4. 子どもたちのラグビー
第2章　ラグビーのはじまり　　　　　　27
第3章　ラグビーのイメージ　　　　　　33
第4章　ラグビーの予備知識　　　　　　39
第5章　ラグビーの特徴　　　　　　　　49
第6章　ゲームの勝敗　　　　　　　　　61
第7章　ゲームの特徴　　　　　　　　　69
　　　1. キックオフ
　　　2. ボールを取ったら前へ進め
　　　3. キックオフ直後のプレイ
　　　4. オフサイド

5．スクラム
　　　6．バックスはおしくらまんじゅうからのはぐれ者
　　　7．ポジションのはじまり
　　　8．攻撃と防御の一般的なパターン
　　　9．プレイの再開と攻撃パターン
　　　　　①スクラムからの攻撃
　　　　　②ラインアウトからの攻撃
　　　10．ペナルティーからの攻撃パターン

第8章　ノーサイドの精神　　　　　　　109

第9章　反則行為　　　　　　　　　　117

第10章　タッチキックに関するルールとキック戦法　123

第11章　防御　　　　　　　　　　　129

第12章　子どもたちからの素朴な質問　137

第13章　日本のラグビースタイル　　　153

終　章　日本が一つになるとき　　　　165

あとがき

序　章　新たな時代へ

日本のラグビーは新たな時代を迎えることになった。2019年、この日本でラグビーワールドカップ*が開催される。

　　ラグビー・フォー・オール。
　　すべての人々にラグビーを。

　英国で生まれたラグビーというスポーツが、彼らの植民地支配を受けない、この日本に流れ着いたのは1899年のことである。アジアでは東インド会社の影響で、インドやスリランカにいち早く上陸していた。
　今でこそ、日本のラグビーは、野球やサッカー人気に水をあけられているが、1980年代の大学ラグビーの決勝戦では7万人近い観衆が国立競技場を埋め尽くした。
　日本のラグビーには他の国々にはない、このスポーツを称揚する標語がたくさんある。

　「一人はみんなのために、みんなは一人のために」
　「ノーサイドの精神」
など。

　そして、日本ラグビーフットボール協会は、新たなビジョンを公表した。

　「ノーサイドの精神を、日本へ、世界へ」

ラグビーには社会を変えるちからがある。それは人を育てるちからであり、リーダーをつくり上げるちからである。これまで、ラグビーの経験者たちは、そのちからが何であるかを具体的に示してこなかった。それがゆえに、ラグビーを経験してこなかった人たちには、いまひとつラグビーというスポーツがわからない。

　まずは、知っている人だけでいい。それは決して人に語れるだけの甘美なものではなく、血と汗のまじりあった泥まみれの行為である。ケガもする。下手をすれば大きな事故にもつながる。それでも、この行為を繰り返すことによって、人々は特別なちからを身につけることができる。ラグビーそのものが持つちから。

　2019年ラグビーワールドカップ日本開催が決定した今、われわれはあらためてこのラグビーの持つちからを、この日本社会へ、そしてアジアへ、世界へと発信していきたい。

　日本ラグビーの新しい方向性とは、2019年に日本でワールドカップを開催し、良い成績を残しつつ、ラグビーを愛してくれる人たちを増やす。そして、ワールドカップが終わった後に、ラグビーがさらに発展し、この競技を愛する人たちの手によって、ラグビーのちからが広められ、多くの有能な人材を輩出することである。その結果として、将来、平和で明るく活力のある社会が創出されていくことが究極の目的である。

本書の目的は、ラグビーを知らない子どもたちやこれからラグビーを応援してみようと思うすべての方々に、このスポーツの魅力を伝えることである。そして、この本をきっかけに、われわれラグビーファミリーの仲間になっていただけたらこの上ない喜びである。

　専門家であるがゆえに、わかっていて当然と思い込んで書き進めてしまっている部分も多々あると思う。誠心誠意、わかりやすいようにつとめたつもりだが、もしも難解な部分があったなら、今後改善させていただくこととしてご容赦願いたい。

＊ラグビーワールドカップ：オリンピックと同様に、4年に一度開催されるラグビーの世界一を決定する大会である。1987年のニュージーランド大会を皮切りに、すでに6回開催され、ニュージーランド1回、オーストラリア2回、南アフリカ2回、ラグビーの母国イングランドが1回優勝している。日本は第2回大会でジンバブエに1勝したのみである。もともとラグビーはイングランドで発祥し、スコットランド、ウエールズ、アイルランドに広まり、さらにフランスで発展した。長い間、5カ国対抗戦と言って、この5カ国がヨーロッパの覇権をかけて戦った。また、南半球では南アフリカ、英国領であったニュージーランドやオーストラリアを中心に発展していった。ニュージーラドやオーストラリアでは、マオリやアボリジニといった原住の民族やフィジー、トンガ、サモアなどの南国の島々の人々とうまく共存したことで、恵まれた体格や高い運動能力を生かした非常に強いチームがつくられるようになった。1987年の第1回のワールドカップが開催されるまでのラグビーはアマチュアリズムが主流で、プロの存在がなかった。さらに年何回かの国同士の対抗戦（テストマッチ：国同士の力比べ）で実力を試していたのみで、本当に世界で一番強い国はどこかの議論は、あくまでも試合結果や評判からくる想像の域を出なかった。今回2019年ワールドカップ日本開催は、一度しか勝利のない国における大会となるわけで、奇跡に近いことであるが、世界のラグビーを司るIRB（インターナショナルラグビーボード：国際ラグビー評議会）はラグビーの世界全体への普及をもくろんでおり、とくに世界の人口の60％というアジアへの関心が高まり、開催決定に至った次第である。これを契機に、ラグビーが日本から中国やインドなどの大国に波及していくことが期待されている。同時に、2016年のリオデジャネイロオリンピックから7人制ラグビーが正式競技に採用されることによりアジアにおけるラグビーが大いに発展していくことが確実視されている。

第1章　日本ラグビーの現状

第1章　日本ラグビーの現状

1．世界ランキング

　現在の日本代表の実力は世界的に見てどのくらいなのだろうか？　IRB (International Rugby Board: 国際ラグビー評議会)のウェブサイト上には世界の代表チームのランキングが表示され、だれでも簡単に見ることができる。
＊　http://rugby-worldcup.jp/irb-world-ranking/
　2003年から2007年までの日本代表のランキングは18位前後であった。2008年以降になると着実にランキングを上げると同時に、ランキングの振れ幅も減少して継続的に上昇し、

2010年6月には史上最高位となる12位まで到達した。

　これは、トップリーグ＊における優秀な外国人選手の採用などに伴った競争力の激化が、選手たちの実力を高めていったことや、外国人監督の採用とそれに絡んだスタッフのプロ化、また、長期的な選手の育成計画といったユース世代からの一貫強化方針の成果が総合的に実を結んだものといえる。

　一方で、チームの作戦上の意思決定や攻防の要となる主要ポジションに、多数の外国人選手を採用する傾向を今後どうするかという問題や、将来の代表指導者のエリート教育などは置き去りにされたままであり、依然、課題は山積みである。

＊トップリーグ：企業を母体とする旧社会人チームが、選手、指導者のプロ参加を認めたオープン化以降に再編され、新たなラグビーチームの組織体を作った。その最上位のグループを言う。
http://www.top-league.jp/

2. 7人制（セブンス）ラグビー

　ラグビーはもともと15人制で行われていたが、1883年にはじめてスコットランドにおいて、シーズンが開幕する前の準備段階のウオーミングアップを兼ねて、7人対7人（少人数）の試合が行われた。
　15人制では人数も多いため、スクラムなどの密集戦でプレイが停滞したり、密集の中にボールが隠れてしまって、ルールがわかりにくかったりする。

　それとは対照的に7人制の試合は、15人制と同じ広さの競技場で、かつプレイする人数が半減するので、動かされるボー

ルの展開やランニングによる攻防が素早く、大変見ごたえのある点から、観る者にとっても競技する者にとってもわかりやすく入りやすい。

　3月に開催される香港の7人制大会は世界的な規模を博し、試合の間にショー的な要素を組み入れていることもあって、世界各国から多くのファンが集まり、一大イベント的なお祭り騒ぎになっている。

　そして、待望の7人制ラグビーが2016年のリオデジャネイロ大会から正式にオリンピック競技に迎えられた。

7人制のチーム編成はフォワードが3名、バックスが4名の1チーム計7名で行われる。グラウンドの広さは15人制と同じものを使い、さらに少人数での競技になるため、選手たちの運動量は自然と増大する。

　15人制以上に体力の消耗が激しいために、高度な持久力を有したアスリートが必要とされる。大きな力比べを専門とする選手は7人制では不利になり、足が速く、優れたボールさばきや、巧みに相手をかわす能力に長けた選手が活躍する。

　観ている人にとっては15人制で頻繁に発生する大人数の力くらべよりも、いつでもボールの動きが見えて、すばしっこい選手たちが、巧みに相手を抜き、振り切っていくボールゲームを観ているほうが簡単でわかりやすい。

まだまだ日本ではよく知られていいない競技であるが、女子の7人制ラグビーも同時にオリンピックに参入するので、オリンピックを契機に広がっていくことを期待している。

試合時間は7分（競技水準に応じて10分ハーフを採用）の前後半と1分の休憩で行われる。試合時間と休憩時間が短いために、コンディショニングの取り方が大変難しい。

過去の7人制代表チームの成績は、世界のどの国を見ても変動が激しく不安定であった。これはヨーロッパを中心に7人制ラグビーは、あくまでも15人制ラグビーのウオームアップゲームとして扱われ、15人制強化のための若手育成としている国が多かったからである。

7人制に特化した継続的強化に成功したのは、ラグビーが国技であり、競技人口の多いニュージーランドや、ボールさばきやランニング技術に優れたフィジーやサモアなどの南半球の国々であった。

　日本国内においても同様で、ラグビーといえば15人制であり、7人制は15人制のシーズン前トレーニングの一種目程度の位置づけで、7人制はどのチームも強化の対象外に置いてきた。そもそも7人制の基盤は醸成されておらず、強化面にも一貫性や継続性をまったく考慮してこなかった。
　また、世界大会と国内大会のスケジュールの重複により、選手召集はきわめて困難であり、国内最強チームを編成して国際

大会に出場できないのが現状である。

　現在までのところ、7人制の日本代表はかろうじてアジアの覇権争いに絡んでいるが、オリンピックを国策として重視している中国や韓国は、7人制に特化した強化を進める傾向が顕著になりつつあり、今後はさらにその傾向が加速するものと予想される。

　さらに、オリンピックでは国籍主義による代表選手構成が求められることもあり、日本代表がこれまで外国人選手の力を借りてきた状況を考えると、現状のままではアジアの地位も脅かされかねない。

3．女子ラグビー

　これまで、世界的にも、もちろん国内的にも、ラグビーを知らない方々にとっては、ラグビー自体への興味はおろか、女子ラグビーの存在など、まったく想像すらしなかったであろう。

　あの危険そうに見える荒っぽいスポーツを女子がやるの？

　世界的に見ると、ニュージーランドやオーストラリアの女子ラグビー代表は、日本の大学生たちと試合をしても遜色のない戦いをしてくるだろう。非常にスピーディーで、タフで、男子顔負けのコンタクトやタックルをしてくる。

これらのラグビー強豪国でも、もともと女子ラグビーは政策的につくられたようなところがある。子どものころから男子に交じり、楽しく行っていたラグビーも、乙女心を抱くようになると女子はやめていく。

　もちろん、まったく興味のない子どももいるだろう。それに加えて、昨今では「ラグビーは危険なスポーツだ」と、母親たちがこぞってラグビーを敬遠するようになった。
　このことに危機感を抱いたラグビー関係者たちが、女子に対して積極的にラグビーを実戦してもらい、将来の母親たちにラグビーの素晴らしさを身をもって体験させたいとはじめたのが女子ラグビーである。

日本にも女子ラグビーはあった。一部のラグビー観戦好きが集まって楽しんでいた程度だったが、オリンピック競技に採用されたこともあり、最近ではにわかに注目されるようになってきた。

　そうは言うものの、依然、国内における認知度はきわめて低い。しかし、オリンピックの正式競技となった以上は、手をこまねいているわけにもいかない。そこで、急激な強化施策が講じられている。

　日本における現在の女子ラグビーの状況を整理すると、以下の通り、すべてにおいて基盤が確立できていない。

1）競技人口

2）プレイ環境（日常のトレーニングの場、所属チーム、対抗試合など）

3）指導者

4）長期選手育成計画とその実際

5）財源

6）国際経験

アジアの女子ラグビーは、15人制ではカザフスタンが体格や体力で日本に勝り、小柄で未経験の日本の女子選手は水をあけられている。
　7人制では中国、タイなどの台頭が著しく、現状ではラグビー女子日本代表は、アジアにおいて絶対的な地位を確立できていない。7人制のオリンピック採用を受け、アジア各国もさらに7人制の強化が加速することが予想されるために、日本の女子強化も遅れを取るわけにはいかない。

　強化を念頭に置きながら、競技人口を拡大するためには、他競技から競技者の参加を広く募る必要がある、と同時に、若年者層からの長期計画的な普及活動が求められる。

4．子どもたちのラグビー

　日本ラグビー協会では、約15年前にイングランド発祥のタグラグビーを国内に導入した。
　タグラグビーの詳細については、http://www.tagrugby-japan.jp/にアクセスしてほしい。若干の説明をすると、大人たちのやるタックルやスクラムなどの身体接触をまったくとってしまい、マジックテープで腰に張り付けた2本のひも（タグ）を引き剥がすことでタックルの代わりとする、ボールを持った鬼ごっこのような遊びである。ラグビーと一緒で、楕円のボールを使い、パスやランニングで相手をかわし、相手のゴールにつければトライとなり1点が与えられる。

キックもなければ、タックルもない。スクラムのようなおしくらまんじゅうの密集プレイもない。ボールを前に落としたり（ノックオン）、前に投げたり（スローフォワード）といったラグビー特有の反則はそのまま残る。

　今後、このタグラグビーの導入がラグビー普及活動においてきわめて重要な役割を担う。大いに期待するところである。現に、その成果も徐々に見え始め、顕著な例としては、2011年施行の小学校学習指導要領解説（体育編）にタグラグビーが例示され、小学校の体育教科内でタグラグビーが導入される窓口を開くことができた。現在のラグビー女子日本代表選手の中にもタグラグビーを入口としてラグビーをはじめた選手もいる。

このほかにも、ラグビーを子どもたちに普及するために国内で考案されたラグビーもある。

小学生向けのミニラグビー＊[低学年5人、中学年7人、高学年9人]や中学生向けのジュニアラグビー[12人]などである。これらはタグラグビーとは違って、ルールは大人のラグビーにより近い。タックルもあれば、キックやスクラムもある。おしくらまんじゅうの密集プレイもある。

ただ、子どもたちが身体接触ばかりを繰り返すようでは、プレイを楽しめないばかりか、子どもたちの俊敏性や巧緻性などの動きの巧みさを育てていく妨げになってしまうので、可能な限りボールを積極的に動かすように工夫されている。

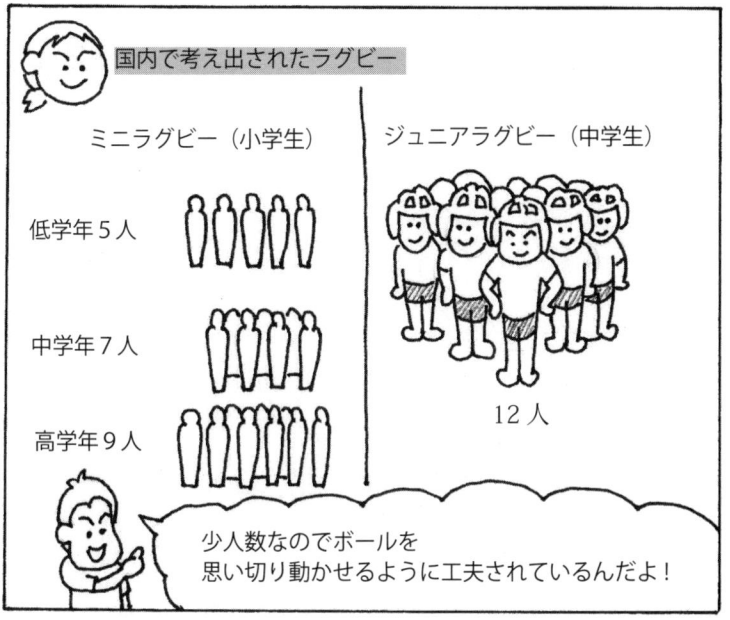

ミニラグビーやジュニアラグビーは、日本で独自に開発された経緯があり、大人のラグビーに移る前の子どもたちの発育発達を考えた少人数ゲームとして世界的に一定の評価を得た。しかし、指導者の世代交代が加速する中、15人制で育った若手の指導者たちが、子どもたちの成長過程を考慮できずに指導する場面も多く、今後、広くラグビーを普及していくためには、こういった指導者の再教育が緊急の課題である。

　つまり、われわれはラグビーを技術的な観点から、勝利のみを追求するものとして指導していくのでなく、ラグビーという競技を人間形成の場として広義にとらえてきた、日本ラグビーの伝統を確実に後世に残していきたいと考えている。

＊ミニラグビー。ジュニアラグビーの詳細：日本ラグビー協会編、『タグ、ミニ、ジュニアラグビー解説書』参照。

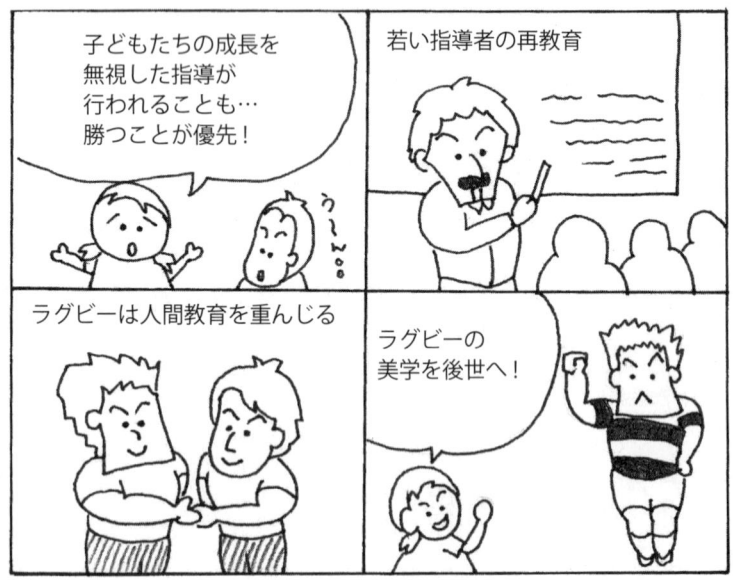

第2章　ラグビーのはじまり

第2章　ラグビーのはじまり

　ラグビーとは、ラグビーフットボール（RUGBY FOOTBALL）の略称である。もともとラグビーとサッカーは兄弟スポーツで、ともにイギリスで誕生した。

　それが、2つに分かれることになったのは、1823年のことである。ラグビー校でのフットボールの試合中に、エリスという少年がボールを持って走り出したのが、ラグビーの始まりと言われている。しかし、これは後に作られた物語のようだ。

　ラグビーが誕生した19世紀前半頃のルールは実にいい加減で、村と村との間で行われた一種の戦争ごっこのようなものだった。双方の村の集団が隊列を組みながらボールを蹴り合い、

相手陣地に突き進んでいくようなもので、敵味方が入り乱れて人と人の折り重なった山の押し合い（現在のスクラム）のようなものだった。ルールなんてあってないようなもので、地域や場所、学校の違いによって独自のルールが存在した。

ラグビーフットボールという名称は、イギリスのラグビー校（RUGBY SCHOOL）の名前をとったものである。ラグビー校は寄宿制で、今の中学校・高校くらいの子どもたちが学んでいた。いくつかの寄宿舎同士がフットボールの試合をやっていたのが広まった。寄宿制といってもイメージしにくいだろうが、ハリー・ポッターの映画を思い浮かべるとわかりやすい。映画の中で、生徒同士が空を飛びながら何やら対抗試合をしているが、フットボールの対抗戦もあのような感じだったのだろう。

サッカーは、連合を意味するASSOCIATIONの真ん中のSOCにCERをつけてSOCCER(サッカー)となった。だから、サッカーの正式名称はアソシエーションフットボール（ASSOCIATION FOOTBALL）である。

　イギリスの名門大学、ケンブリッジやオックスフォードでは、当時、仲間同士のスラング（俗語）で何でも単語を短縮して、その後にERを付けるのが流行していた。
　そこで、ラグビーのことをラガーといい、アソシエーションフットボールのことをサッカーと呼んだ。ラグビー選手のことをラガーマンと言うのはここからきている。

話を元に戻すと、当時のラグビーは選手の人数なんてお構いなしで、100人対50人なんてこともあったらしい。ポジションはおろか、競技場のようにラインがあるわけでもなく、エリアを制限するようなものさえ規定されていなかった。

　キックオフ（スタート）の合図で、ボールを相手陣に蹴り込みながら前進し、ボールの争奪場面になると、互いに密集状態になってボールを奪い合い、力ずくで押し込んでいった。

　現在のラグビーに見られるスクラムやモール、ラックなどの密集プレイの原型は、ここにあるのだろう。

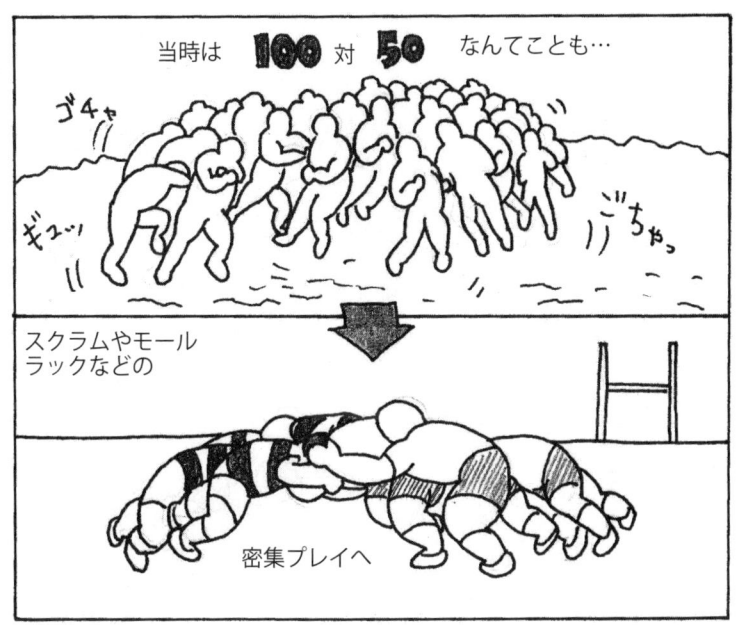

ラグビーはパブリックスクールを母体として発展したため、貴族階級の子息が通っていたという理由から、紳士のスポーツとして広まり、サッカーは一般の市民に広がっていった。

　現代のイギリスではこの名残りがある。

　この競技の理念や哲学が、ラグビーをやる人たちの精神的な支えであり、そのまま紳士のスポーツとして伝承されているのが実際のところである。

第3章　ラグビーのイメージ

第3章　ラグビーのイメージ

ラグビーと聞くと何を想像するだろうか？

大きな人たちのぶつかりあい？
汗まみれ？
泥まみれの男くささ？

いろいろなイメージは、テレビドラマなどで作られたものだろうが、そういう固定観念ができてしまったのは、何よりもラグビーが一般にあまりにも知られていないからである。

野球やサッカーのテレビ放送はあっても、ラグビーのテレビ放送は数えるほどしかない。日本代表の国際試合でさえ放映されることは稀である。

　元々ラグビーは、特定のスター選手をつくらないという精神を大事にしてきたこともあって、日本代表選手でも特別扱いされない風潮が残っている。
　また、いわゆるビジュアルのよいイケメンよりも、からだの大きなひげ面の選手が多いことも、今一つ人気を獲得できない原因になっているのだろうか。

　意外とみな清潔で、気のやさしい大男たちなのだが…。

ラグビーを観たことがない人は、「ルールが難しくてよくわからない」という。ラグビーには確かにルールがたくさんある。大人数でプレイし、多彩な動きが要求されるため、ルールも多様化する。全力でぶつかりあう選手たちをけがから守るためにさまざまなルールがある。さらに、世界のラグビーは人気のプロスポーツなので、観る人たちがわかりやすく、簡単に楽しめるようにルールが変えられるようになった。しかし、われわれは、ルールが難しいことよりも、ラグビーを観る機会さえないということの方がもっと重大な問題であると考えている。

　日本人なら、野球はたいていの人が知っていると答えるだろう。それはプロ野球や高校野球が毎日のように放送されていて、いやでも目に入ってくるからである。ルールに関しても、イン

フィールドフライや打撃妨害など、結構複雑なものもある。

　テレビ放送が不足しているからといって、そのことを議論することが本書の狙いではない。本書が声を大にして言いたいことは、どうしたらラグビーをもっと身近なものに感じてもらえるか、である。

　そこで、ラグビー自体をあまり複雑に考えず、主要な要素だけを大胆に取り出してしまえばどうだろうか？

　ルールはたくさんあるが、そんなことは度外視して、ざっくりとラグビーの中心的な要素だけを取り出してみる。

　たとえばラグビーは、"おしくらまんじゅう"と、"鬼ごっこ"と、"陣取り合戦"だと、言い切ってしまう。

そして、そのようにざっくりと大きく括ったプレイの組み合わせとして観てもらう。ボールを持ったら、選手は相手につかまらないように走って前進する。走って前進するとつかまってしまいそうなときは、相手にぶつかって押し込んでいく。味方同士と塊になって、さらに押し込んでいく。必要に応じてキックで相手陣地深くに侵入していく。投げてもいい、蹴ってもいいスポーツなのである。

　ラグビーとは、相手ゴールに向かって、おしくらまんじゅうと鬼ごっこと陣取り合戦を繰り返し、最後にボールを相手陣地に押し込んだほうが得点になる。こんな風にデフォルメし、細かなルールはゆっくり覚えてもらえばいい。そうすれば、もっと親しみやすくなるのではないだろうか？

第4章　ラグビーの予備知識

第4章　ラグビーの予備知識

　イギリスという国は、イングランド、ウエールズ、スコットランドからなっていて、それぞれが独立国としての意識が強い。ワールドカップには、それぞれの地域が代表チームを編成して出場している。したがって、イギリス代表というチームは存在しない。

　しかし、オリンピックではそうはいかないので、7人制ラグビーのチーム編成がどうなるのかは興味深い。7人制の発祥地はスコットランドであるが、強化状況は他の地域と比べると遅れを取っているので、スコットランド出身の選手が選出されるかどうかは微妙である。

ヨーロッパのラグビーは、これらの地域にアイルランドとフランスが加わって歴史を刻んできた。毎年行われている5カ国対抗は、世界中が注目する伝統的な試合として発展してきた。2000年からはイタリアが参戦して、現在では6カ国対抗を行っている。

　1987年にワールドカップがニュージーランドとオーストラリアで開催されるまで、ラグビーの世界大会と呼ばれるものはこの5カ国対抗以外にはなかった。他の国際試合はテストマッチ＊と呼ばれ、それぞれの国が独自に対戦相手を決め、対抗戦のようなかたちで国際試合を行ってきた。

＊テストマッチ：文字通り、それぞれの国が日頃、鍛練してきた技や力を互いにテストしてみようという試み。

そのため長い間、世界で一番強い国はどこか、という論議に明確な答えはなかった。ヨーロッパのラグビーが５カ国対抗を中心に発展していったのに対して、南半球ではニュージーランド、南アフリカ、オーストラリアが、それぞれ対抗戦を展開してきた。

　ニュージーランドの代表チームは、世界的に有名なオールブラックスである。それは単に、ユニフォームが真っ黒だったからではなく、選手全員がバックスのように機敏で、ハンドリングスキルに富んでいたことから、当時の新聞がニュージーランドのチームは"オールバックス"だと評したのが、ユニフォームの色とあいまってオールブラックスと誤って広まったと言われている。

南半球の代表チームには、それぞれ愛称がある。
　オーストラリアのチームは"ワラビーズ"、南アフリカは"スプリングボックス"と、それぞれの国を代表する動物の名をつけている。ちなみに、日本ラグビーは国花である"桜"を象徴としている。

　1987年のワールドカップ・ニュージーランド大会の優勝国はニュージーランド、それ以降の優勝はオーストラリア２回、南アフリカ２回、イングランド１回である。
　世界一を決するのはワールドカップだとしても、世界の強豪国の順位付けは、第１章でも書いたようにＩＲＢのホームページ上に掲載されている。

日本にラグビーが伝わったのは1899年のことである。

　慶應大学がはじまりで、その後は大学ラグビーを中心に広まっていった。そのため、大学ラグビー選手権大会、とくに早稲田大学、明治大学、慶應大学らの対抗戦は、今も日本の大学スポーツを代表する人気スポーツとなっている。

　お正月になると、高校ラグビー日本一をかけた花園大会や大学ラグビー選手権大会の準決、決勝戦が開催され、ラグビー熱が一気に増す（とラグビー好きは思っていることさえ、あまり知られていないかもしれないが…）。

この時期の試合は、テレビ放送があり、一般紙でも写真入りで取り上げるので、ラグビーを知らない人が実際のプレイを目にする数少ないチャンスである。ぜひ観てほしい。

　長い間、日本選手権は、社会人優勝チームと大学優勝チームの間で行われ日本一を争ってきた。過去には大学生が社会人に勝って日本一に輝いたことが何度かあったが、近年では、社会人チームがプロの選手や指導者を取り入れたトップリーグを結成し強化を図ってきたために、大学生チームがトップリーグ所属のチームと覇権を争うことはなくなった。トップリーグ自体の実力の向上は、これらのチームから選抜された日本代表の強化にもつながっている。

日本ラグビーの特徴は、このように高校や大学の課外体育活動を通じて広まり、企業チームやその後のトップリーグの発展により強化されていったことにある。もう一つの特徴は、トップリーグの選手たちの9割以上が大学の卒業者という、高学歴の人材が競技しているという点である。

　このことは、日本における他のプロスポーツや諸外国の実情とは異なる。

　ラグビー選手の場合、選手としてのキャリアを終えてもそのまま社会人として、企業ないし、何らかの職業のリーダー的存在として活躍しているのを耳にするのはそのためである。

このような基盤で育ったラグビーであるが、代表チーム(以下ジャパン)はというと、やはり列強国に比べると、体格や体力面で劣り、なかなかワールドカップで勝つことができない。
　体重制スポーツ（レスリングや柔道）では、直接的な身体接触があっても、体格による差が取り除かれるため、技術や戦術でカバーできるが、体重制ではないラグビーの場合は技術や戦術だけの工夫では、この体格や体力の差を埋めることは容易ではない。
　もちろん、ジャパンもそれに手をこまねいているわけではなく、日本人特有の俊敏性やボールを扱う巧みさ、戦術面での工夫に力を入れたり、体格や体力の壁を突破するための長期戦略を立て代表チーム強化に全力を注いでいる。

第5章　ラグビーの特徴

第5章　ラグビーの特徴

　ラグビーの試合を〝おしくらまんじゅう〟と〝鬼ごっこ〟と〝陣取り合戦〟などと表現してきた。

　ラグビーでは、ボールを持った選手がどこまで走ってもよい。パスやキックをすることもできる。相手が止めにくれば、それに当たって弾き飛ばすこともできる。仲間と固まりになって密集状態のまま（おしくらまんじゅうで）押し込むこともできる。

　要は相手に対して決められたルール〔後ほど詳しく説明〕を守ってさえいれば、相手のゴールに向かってひたすら突き進むことができる。守る側は、相手の進行を自分のからだをぶつけて止めることができる。これをタックルと呼ぶ。

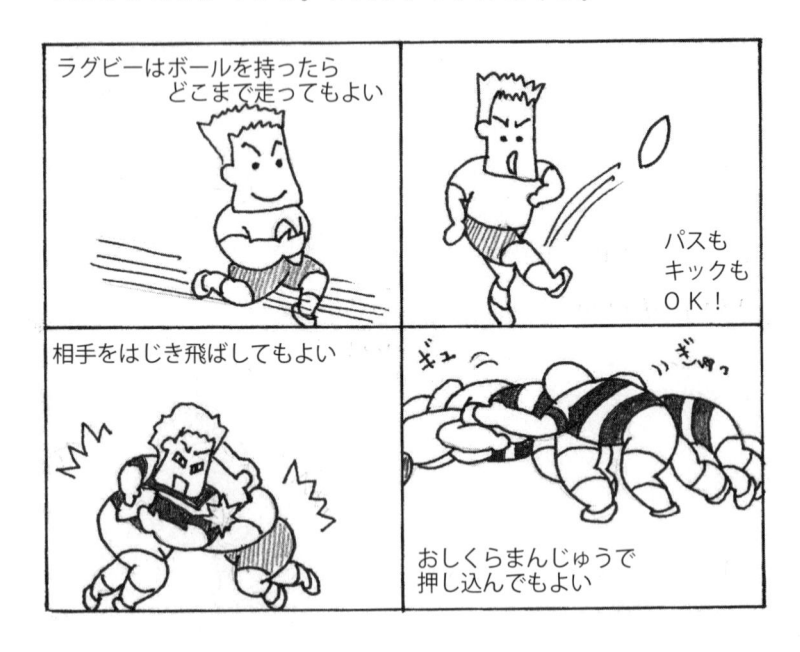

ラグビーはボールを持ったらどこまで走ってもよい

パスもキックもOK！

相手をはじき飛ばしてもよい

おしくらまんじゅうで押し込んでもよい

攻撃側と防御側のこういった特徴からラグビーというスポーツは走る格闘技といわれる。ルールが複雑で難しいと思っている人がたくさんいると思うが、バスケットのように何歩までしか走れないとか、ポジションによってやっていいこととけないことがあるわけでもない。

　たとえば、バレーボールやテニスなどは、サーブやレシーブの技術がないとお話にならないが、ボールを手でもって走るだけなら誰でもできるのだから、小さい子どもから鬼ごっこの感覚で始められるのである。しかも、全身を使って走り回り、人と協力することも覚える。子どもにとってこれほど理想的なスポーツは他にはないと思うのだけど…。これもやはり、ラグビーの世界で生きている者だけの思い込みなのだろうか？

このようにプレイの自由度が高いためにルールは多いが、特徴だけを取り出すと、以下のようにとてもシンプルである。

- ボールは前に投げてはいない。
（スローフォワードという反則になる）

　ラグビーを観て最初に気になるのがこのルール。なぜボールを前に投げてはいけないのだろうか？
　ラグビーではボールより前にいる選手たちはプレイに参加することができない。ラグビーにおける絶対原則である。したがって、パスを受けることができない。もし、前にいる選手がボールを受け取ったら、それはスローフォワードという反則となる。

特徴 ❶ ボールは前に投げてはいけない

スローフォワードっていう反則になるのよ

このことは、後にオフサイドのルールに関係するので、その際にさらに詳しく述べる。

・ボールを前に落としてはいけない。
（ノックオンという反則になる）

ラグビーゲームの中心はボールである。
比喩的に言えば、ボールは生命そのものであり、祈りをこめた神聖なものの象徴である。
このボールを命がけで相手ゴールに運ぶために選手全員が協力するわけで、一人の簡単なミスでボールを落とす（落とすことをノックオン〈knock on〉、通称ノッコンといい、相手ス

クラムからプレイ再開）ことなど言語道断、断じて許されないのがラグビーである。

・相手にぶつかって自分の陣地を守る

ボールを持っていないチームは防御に回る。ラグビーでは攻撃してくる相手の選手にタックルすることが許されている。ボールを持っている相手ならば、ぶち当たって、なぎ倒したり、引き倒したりすることもできる。

チームメイトとともに相手にぶつかっておしくらまんじゅうに対抗することもできる。

特徴3　相手にぶつかって自分の陣地を守る

ボールを持っている相手にはからだごとぶつかっていいのよ

その中でも、タックルはラグビーの醍醐味である。

　味方の陣地を守るために、自らがからだを張って相手に挑みかかるためには過酷な鍛錬が必要であり、また技をかけるにあたっては大変な勇気と思い切りが求められる。

　鋭いタックルを決めたシーンはとても迫力があり、感動的でさえある。

　ただし、鍛錬が不十分であったり、体力的に未熟だと大きなけがにつながるため、体力トレーニングによる十全な準備が必要である。

こうやってラグビーのプレイの特徴を取り出すと、とてもシンプルなスポーツだとわかってもらえるだろう。ただし、もうひとつだけ大事なことがある。

　それはラグビーのラグビーたる所以であり、ラグビー経験者が一生変わらず持ち続けることになるラグビーの精神である。

　・キャプテンシー、レフェリー、ローの精神

　反則行為を判定するのはレフェリーだが、この判定はとても難しい。グラウンドが広い上に、双方のチームをあわせると、30人の選手たちがぐちゃぐちゃに入り乱れてプレイしている。

この試合のすべてを１人のレフェリーで見極めること自体、はっきり言って不可能である。

　ラグビーではレフェリーの判定は絶対で、判定に明らかなミスがあったとしても覆ることはない。

　また、そのことに不服申し立てさえできない。

　今でこそ、アシスタントレフェリー（サイドライン沿いで判定の手助けをしてくれる、手に旗を持って移動している人）がつくようになったものの、判定はフィールド内にいるレフェリーに委ねられている。

ラグビーではレフェリーの判定は絶対！	いまのはミスだ
今はアシスタントレフェリーがいる	しかし判定はフィールド内のレフェリーにまかされている

ラグビーという競技の原点をたどってみると、もともとラグビーのゲームにレフェリーは存在しなかった。ゲーム中に起きた問題は、両チームのキャプテンの話し合いにより判断された。キャプテンによる紳士協議が絶対だったわけであるが、これがその後のイギリスの外交政策に大いに役立つことになる。

　そうは言っても、お互いに競争心を持って戦うわけで、話し合いにも限界がある。そこで、キャプテン同士が選任した第三者の判断を仰いだ。この第三者、つまりレフェリーの存在こそ絶対的なものであって、すべての判定はレフェリーに委ねられてきたというのが歴史的経緯である。

　現代のゲームではこのようなレフェリー絶対の精神が薄れているのか、微妙な判断についてクレイムや不満を主張する指導

者もいないとは言えないが、ラグビーそのものの原点から言うと、そんな論議こそまったくのお門違いなのである。極論すれば、レフェリーが黒といえば黒、白といえば白なのである。

　ラグビーのルールをローと言う。ルールと言うのはその競技を進行するにあたって制定され、条文化されたものである。ローはその競技を進めるための最低限の取り決めであるから、その取り決めをお互いのチームがしっかりと認識し、厳格に守って行けば、細かいルールを決めなくても、また選手たちがお互いにフェアプレーに徹すれば、レフェリーは形だけの裁定者であるというのが、ラグビーというスポーツの大本にあることを忘れてはならない。

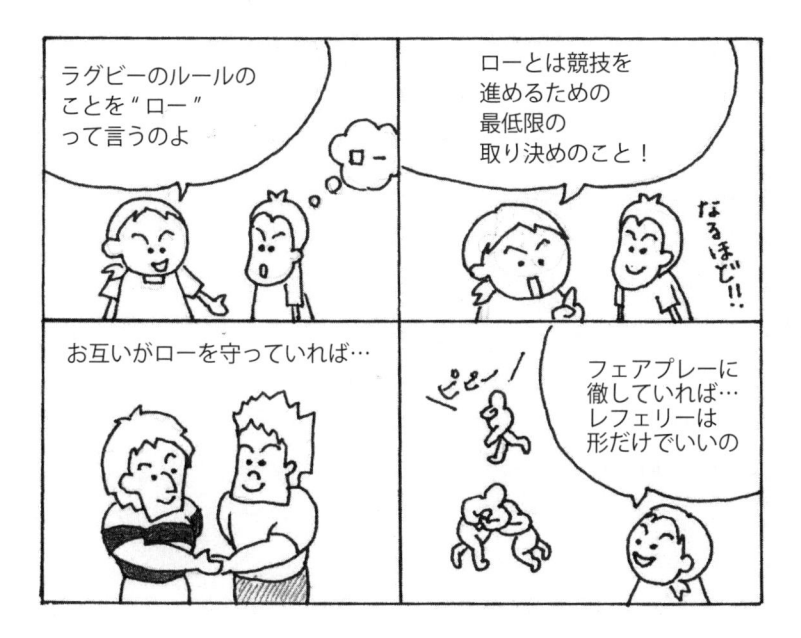

第6章　ゲームの勝敗

第6章　ゲームの勝敗

ラグビーのゲームが行われるグラウンドは下図の通り。

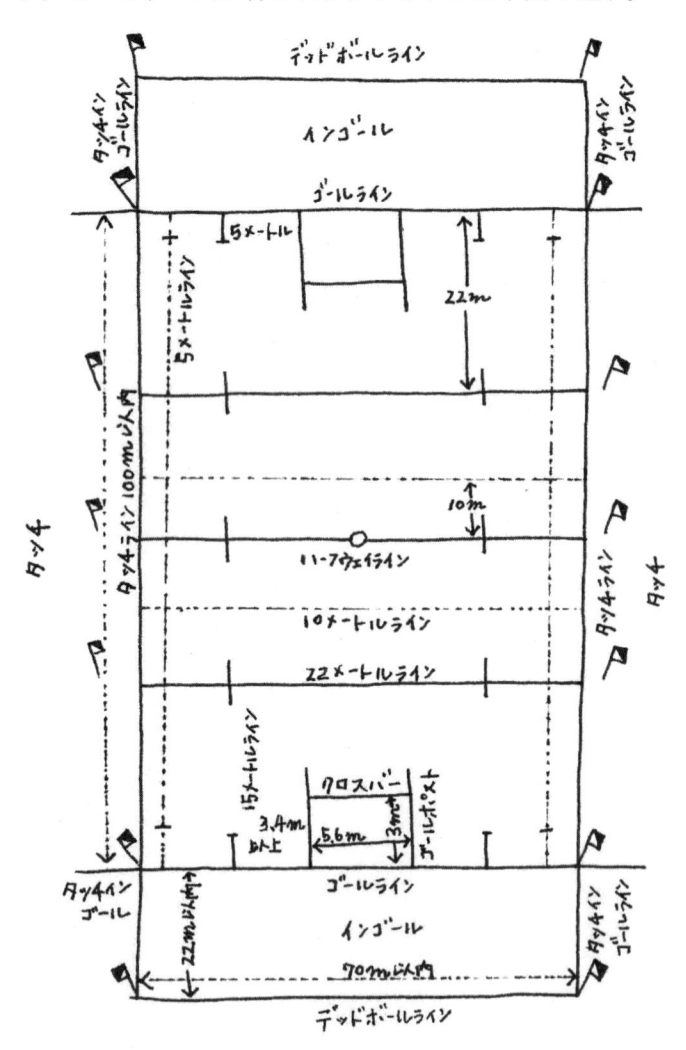

選手たちがプレイできるエリアは、Hポールが立っている両サイドのゴールラインとタッチラインと呼ばれるサイドラインの中と規定されている。
　ゴールラインの後ろ側のエリアはインゴールエリアといい、このインゴールエリアでボールを地面につけることをトライという。

　ボールを持った選手がタッチラインの外側に出てしまうと攻撃権は反対側のチームに移る。
　また、ボールをパスしたり、キックしたり、タックルされたときにボールがタッチラインの外側に出てしまっても攻撃権は相手側に移る。

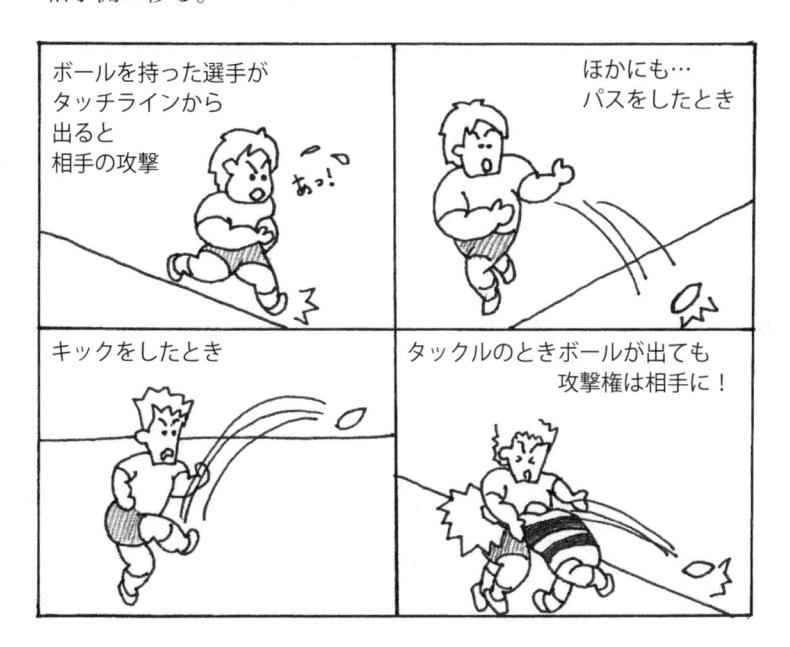

ボールを持った選手が タッチラインから 出ると 相手の攻撃	ほかにも… パスをしたとき
キックをしたとき	タックルのときボールが出ても 攻撃権は相手に！

ラグビーの得点方法にはいくつかの種類がある。
　ボールを獲得したチームの選手が、相手のインゴールエリアにボールを持ち込んで地面につければトライになる。そのときの得点は5点である。なぜ5点なのかはさておき、トライのあとには必ずコンバートゴールという連続して得点する権利が与えられる。トライしたら必ずおまけとして付いてくる。

　コンバートゴールは、トライした地点からタッチライン（サイドラインのこと）を平行にたどった延長線上にボールを置き、そのボールがキックされたのちゴールポスト（H型のポール）の横バーを越えると2点となる。
　したがって、トライとその後のコンバートゴールが成功する

```
コンバートゴール
```

ゴールポストの
横バーを超えると
2点！

と一気に7点取れる。コンバートゴールが失敗した場合は、トライのみの5点である。

　もともとラグビーのトライという意味は、コンバートゴールを狙う試み（TRY）を指し、トライの権利を得たチームが、その後のゴールを成功させて1点としたのがはじまりである。しかし、それではあまりにもトライをしたことに対する価値が小さい。そこで現在では、以上に述べた通り、5点＋2点の得点配分になったのである。

　得点の配分には変遷があり、その時々のプレイスタイルやゲームの中身によって大きく影響を受けた。昭和45年まではトライ3点、コンバートゴール2点、平成4年までは、トライ4点、コンバートゴール2点であった。

	トライ	コンバートゴール
昭和45年まで	3点	2
平成4年まで	4	2
平成5年以降	5	2

トライとコンバートゴールの得点は何度もかわったのよ

おぉ！

得点方法には、反則によって与えられるペナルティーゴールがある。相手が反則した場合、反則されたチームにはペナルティーゴールという得点権、または攻撃権が与えられる。前者は相手が反則した地点で、直接ゴールを狙うことができる権利である。
　ペナルティーゴールはトライ後のコンバートゴールと同様、キックされたボールがHポールの横バーを越えれば得点になる。この際の得点は3点である。

　また、ゴールキックを狙う代わりに、そのまま攻撃することもできる。この場合、反則を犯したチームは防御のために10m後退しなければならず、圧倒的に不利になる。

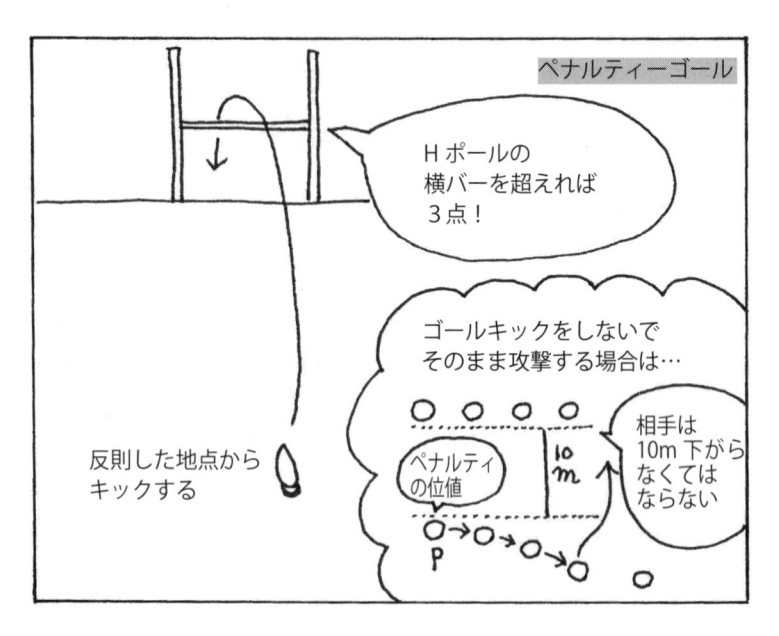

ペナルティーゴール

Hポールの
横バーを超えれば
3点！

反則した地点から
キックする

ゴールキックをしないで
そのまま攻撃する場合は…

ペナルティ
の位値

10m

相手は
10m下から
なくては
ならない

ペナルティーキックをもらったチームはすばやく攻撃を仕掛けるか、ロングキックで陣地を大きく挽回するチャンスが与えられる。

　もう一つの得点方法として、フィールド上のプレイからいきなりゴールキックを狙うものもある。フィールド上であれば、だれでもゴールを狙うキックができ、キックされたボールがやはりHポールの横棒を超えれば3点になる。

　ドロップゴールという得点方法で、このゴールキックは、いったんボールを地面に弾ませて、ハーフバウンドしたボールをすくい上げるように蹴るのが特徴である。

ラグビーは、パスやランニングを駆使して、相手陣地に攻め込み、相手とぶつかり合っても、おしくらまんじゅうで前進し続ける。

　さらには、キックを使って陣地を奪い取っていく。

　そして、トライを狙い得点を積み重ねる。

　ゲームの勝敗はこれらの総合得点の差で決まる。

パスやランニングで攻め込み	相手とぶつかっても前進！
キックを使って陣地をうばい	トライをめざす

第7章 ゲームの特徴

第7章　ゲームの特徴

1．キックオフ

　ラグビーやサッカーでは、試合開始を「キックオフ」と言う。この言葉は、日常会話でも使うことがあり、会議の始まりをキックオフということもある。

　ラグビーのキックオフは、"厳格に守らなければならない時間"としてラグビー選手は教えられる。お互いのキャプテンが、次の試合は何月何日の何時から、場所はどこそこと決めたら、紳士同士の約束として絶対に守らなければならない。雨が降ろうと槍が降ろうと。

現在でも、重大な不測の事象が発生しない限り、多少の悪天候でも試合は行われる。筆者の知る限りでは、ラグビーの公式戦がキャンセルになったのは、昭和天皇崩御時の高校ラグビーの決勝戦くらいのもので、他に聞いたことはない。
　延期されたのは、平成10年1月15日の日本選手権〔トヨタ自動車対関東学院、サントリー対明治大学〕が大雪で2日後の17日になったことぐらいである。

　ラグビーというスポーツの約束事は社会一般の約束事と同じように厳格に守られている。
　悪天候でも開催されるこの競技は観戦する側にとってはたまったものではないのだけれど…。

どちらがキックオフするかは、レフェリーのコイントスにより両チームのキャプテンが決める。

これまで日本では、じゃんけんで決めるのが一般的だった。

しかし、公式戦ともなると中学生でもコイントスを行うことがある。

表〔ヘッド〕、または裏〔テール〕をいずれかのキャプテンがコールし、そして、トスに勝ったチームがボール〔キックオフ〕もしくは、陣地のいずれかを選択することができる。

この選択の段階から、試合の駆け引きは始まっている。

前半に風上を取るのか、風下を取るのか、または、ボールを選択した場合は、ボールを蹴る位置や蹴る方向はきわめて重要な戦術である。

これらは、日差しや風雨などの天候やグラウンドコンディション、相手の特徴や戦術などを考慮した上で決定する。

試合の開始前に各チームの監督やコーチがグラウンド状態を観察しているが、これがまさにそういった瞬間である。

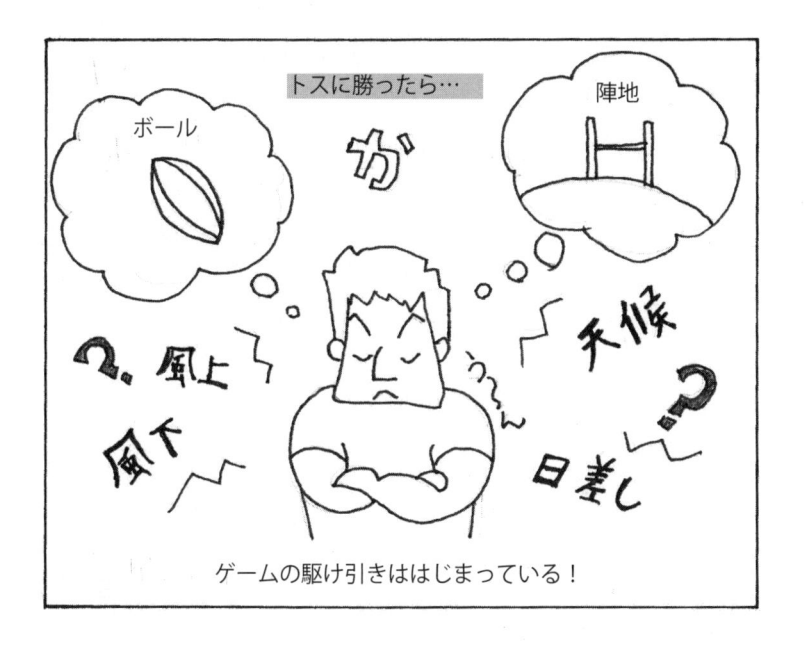

風向きによって戦術が一変する例をあげよう。

　風の強さや方向にもよるが、風上を取ったチームは長いキックで相手陣内に簡単に入れる。

　風下のチームは風を真っ向から受けるために、相手陣内に入るのは容易ではなく、自陣にくぎ付けになってしまう。そのうち、陣地を取るのに有利な風上のチームが試合を支配的に進めるようになる。

　一般的に試合の序盤は、相手の出方を探りながら試合を進めるため、必ずしも前半に風上をとることが有利に働くとは限らない。風下のチームが前半負けていたとしても、後半に一気に試合をひっくり返すこともできる。

優れた洞察力のある指導者があえて前半に風下を選択し、後半の勝負につなげて勝利するというケースもある。もちろん、双方のチーム状況により、その逆もまた真なりではあるが…。

　こういったことは、双方のチームの特徴、プレイスタイルなどを総合的に検討した上で、戦術的に決定されることなので、ラグビーを知っているファンにとっては大変興味を引くことになる。

　試合を理解してくると、初心者でも簡単にわかるようになるので、このあたりから試合を楽しめるようになれれば、ラグビー観戦者として楽しみの幅が広がって行くだろう。

2．ボールを取ったら前に進め

ラグビーには5つのチームプレイの原則がある。

第1の原則が"ボールの獲得"。
ボールの争奪で負ければ、攻撃することができない。したがって、まずは「ボールの獲得に全力を尽くせ」である。

2つ目は"前進"。
ボールを手にしたらとにかく前進。ボールを獲得して、相手のゴールラインと反対方向に走る選手はまずいないだろう。相手のタックルを避けようとして、いったん横に逃げることは

あったとしても、ラグビーにおいて前進を躊躇しようとすることは逃げのプレイである。どんな状況にあっても相手のインゴール目がけて前進し続けるのがよい選手である。

3つ目は"支援〔サポート〕"。
前進を試みる選手に対して、味方の選手は、しっかりとサポートしていく必要がある。「みんなは一人のために」のまさにその瞬間である。

4つ目は"継続"。
継続とは、相手に捕まっても、ボールを味方につなぐプレイや、ボールを確保するために密集状態をつくることである。

味方同士で強力な密集をつくれればボールは確保でき、次の攻撃が展開できるようになる。味方同士でサポートし、しっかりとまとまってボールを守り、次々と攻撃に繋いでいく。これがうまくいけば、展開攻撃があらかじめ企画されたマスゲームのように見える。

　5つ目は"圧力〔プレッシャー〕"。
　相手にプレッシャーをかけ続ける。
　攻撃原則に裏付けられた展開を繰り返し、相手に対して常に圧力を加え続けることで、ゲームを支配していくという考え方である。

日本人ラグビー指導者の優秀さは、イギリスからやってきたラグビーというスポーツを日本流にアレンジしながら、ラグビーで最も重要なこのような原則を誰に教わることなく導き出していたことである。

　もうお亡くなりになったが、明治大学の北島忠治先生はラグビーの基本原理として、"前へ"という哲学を貫いた。北島先生に関して漏れ聞く逸話や時代背景を考慮すると、諸外国の指導書から引用したとは思えないし、何か科学的な研究で生み出したとも思えない。ラグビーという競技を熟知した達人が得た境地のように思える。

　もともと北島先生は、日本の伝統文化の象徴である相撲の達人であったが故に、その技をラグビーに取り入れたとも言える。

ラグビーの指導者たちがゲームに臨むにあたって、あるいはハーフタイムのとき、選手たちに何を伝えているのか？

　答えは簡単で、表現の違いこそあれ、一流の指導者であればあるほど、今あげた5つの原則がゲーム中に守られているかをシンプルに伝えているに過ぎない。

　「もっと前進しろ」、そのためにはこうしろああしろ、「もっとサポートに回れ」といった具合である。

　指導者が試合中にできることなんてそんなもので、後は「元気出していけ」とか「もっと気合入れろ」とか「もっと集中しろ」くらいである。ゲーム中の統計を持ち出して、戦術的駆け引き論を展開しても選手たちの耳に入ってはいかない。

少々本論から外れたが、主題はラグビーのプレイを一言で言うと"前進"である。スクラムにしろ、ラインアウトにしろ、そこからボールがでたら相手のインゴール目がけて前進あるのみ。

　ボールをとって一瞬たりとも前進を試みない選手がいたとすれば、そのプレイは誤りである。相手を抜くために、横のスペースを見つけて走り込む瞬間はあるかもしれないが、すぐに前方へコースを立て直す必要がある。
　そこに相手がいてタックルされようが、相手に捕まって密集状態になったとしても、仲間と足を止めずにボールを前進させることが重要である。

ラグビーの戦術は一言でいって前進！	ボールをとったら前進！
横のスペースに走ってもすぐに前進！	タックルされても前進！

ラグビーを観戦する側から見て、まず大切なことは、双方のチームがどのようにボールを前に進めて陣地を拡大していこうとしているかである。

3．キックオフ直後のプレイ

　キックオフの直後に発生するプレイで、最も多いのが密集状態でのプレイである。
　キックオフのボールの争奪後に発生するプレイは、相手とのぶつかりあい（コンタクト）であり、コンタクトが発生すれば必ずその周りにお互いの選手たちが群がってくるので、そこに密集状態ができる。

この密集のときに、選手たちが立ったままの状態であれば、まさにおしくらまんじゅうで攻める。これをモールと呼ぶ。また、選手たちがつぶれた状態であれば、これをラックと呼ぶのである。
　これらの密集プレイは、ボールの位置が判然としない上に、多くの選手が入り乱れて、周りが見えない状態のまま動き回るので、反則の宝庫になってしまう。
　レフェリーはキックオフから10分程度は、双方の選手たちに自分自身の判定基準を示すために、反則を厳しく取る傾向がある。チームもそれがわかっているので、前半の試合展開はとてもオーソドックスで、慎重である。チームとレフェリーの心理的な駆け引きが見られるのも、このキックオフ直後である。

4．オフサイド

オフサイドには大きく分けて、
1）目に見えないが、越えてはいけないラインを越えた場合
2）キックをした後のオフサイド　の2つがある。

1）目に見えないラインを越えたオフサイド
　ラグビーではボールが常に先頭になければならない。ボールを持っていない選手たちは、必ずボールの後方からプレイに参加しなければならない。密集状態で、ボールより前にいる選手たちがオフサイドにならないのは、密集の塊としてボールと一体であるとみなされるためである。

モールの一番うしろにいる選手がボールを持って、塊となって前進していくシーンはそのためである。

2）キックの後のオフサイド

相手チームがキックすると、ボールが選手たちの後方に蹴り込まれ、ボールの前方に残留してしまう選手が生まれる。このときボールより前にいる選手たちはプレイに参加することはできない。もし、ボールより前にいる選手がプレイに参加すれば、それはオフサイドになる。

ボールより前にいるオフサイドの選手がプレイに参加するためには、必ずボールの後方に戻ってプレイに参加しなければならない。

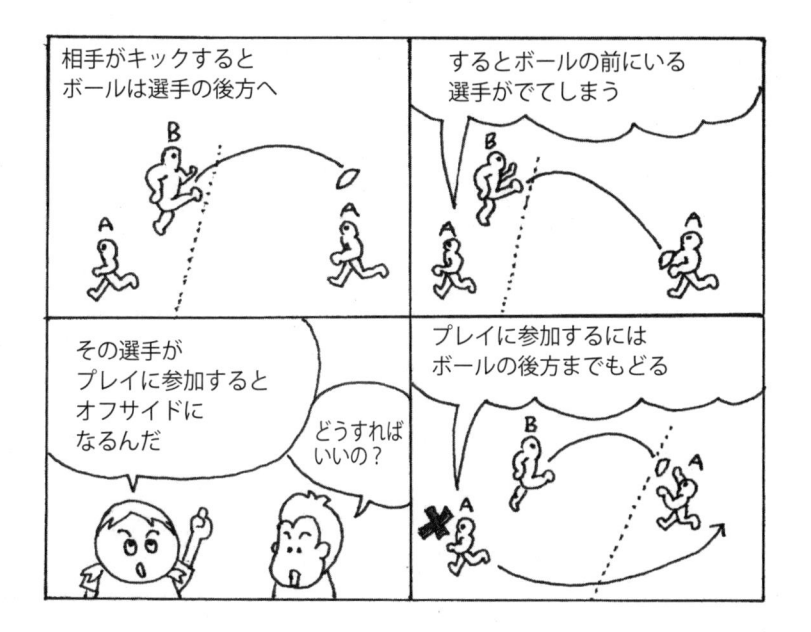

相手がキックするとボールは選手の後方へ	するとボールの前にいる選手がでてしまう
その選手がプレイに参加するとオフサイドになるんだ／どうすればいいの？	プレイに参加するにはボールの後方までもどる

このことはゲーム中のすべてのプレイに適用されるが、ボールの位置の確認できない密集状態であったり、多人数の選手の移動が伴うプレイでは判定が難しく、観戦者には非常に理解しにくい。

　さらに、このオフサイドの判定を難しくしているのが、味方のキック攻撃のとき、攻撃側の選手でオフサイドの位置にいる選手たちは、ボールの移動スピードに物理的に追いつけないため、その場にとどまっていなければならないこと。
　この場合、キッカーの後方からボールを追走する選手が、ボールより前にいる選手を追い抜いたとき、前方にいた選手たちはプレイに参加することができる。

BはAに追い越されるまでその場にいるかうしろまでもどらなければならない

難しいようだが、缶蹴りでは、鬼につかまった子どもは、その後、遊びに参加できない（つまりオフサイド）。けれど、味方が缶を蹴っ飛ばしてくれたら解放され、再び参加できる（オンサイドに変わる）。

　つまりキックのとき、ボールより前にいる選手は鬼につかまった状態、キッカーより後ろにいた味方の選手はまだつかまっていないから、その選手が自分のいるところまで来てくれれば、また、プレイに参加できるというわけである。

　オフサイドの位置にいる選手たちにとっては、自分の代わりに走ってきてくれるオンサイドの選手によって、生き返ることができる。もし、この一人が追走をサボってしまうと、仲間たちは生き返ることができず、ゲームを失ってしまう。

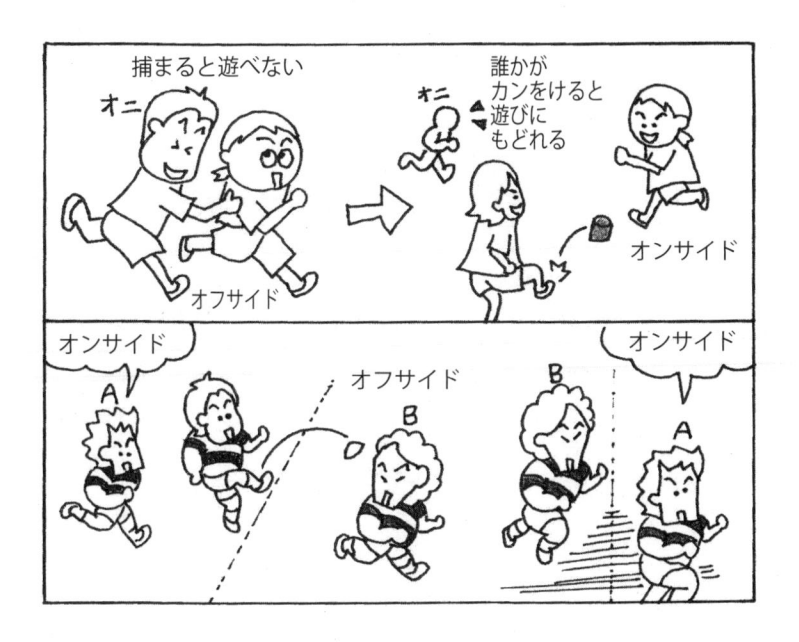

5．スクラム

　スクラムからゲームが再開されるのは、以下のような場合である。

1）相手のノックオンやスローフォワードなどのあと

2）モールやラックからの密集プレイで、ボールが出なくなった場合

3）ペナルティーからの攻撃の選択肢の中から、スクラムを選択した場合

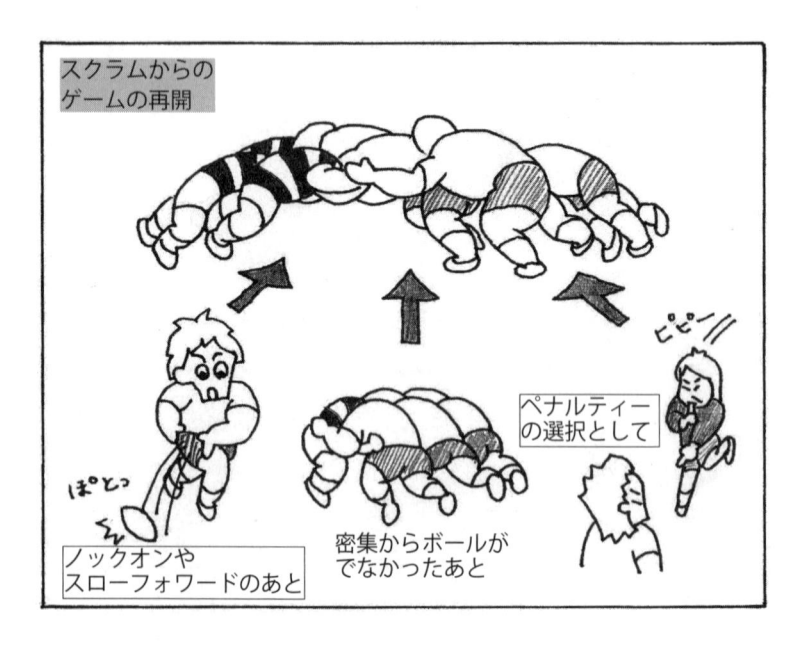

ペナルティーからの攻撃の選択肢とは、以下の通りである。

1）そのまま攻める

2）ゴールキックを狙う

3）タッチキックで陣地をとる

　という選択肢の他に、

4）スクラムを選択することができる

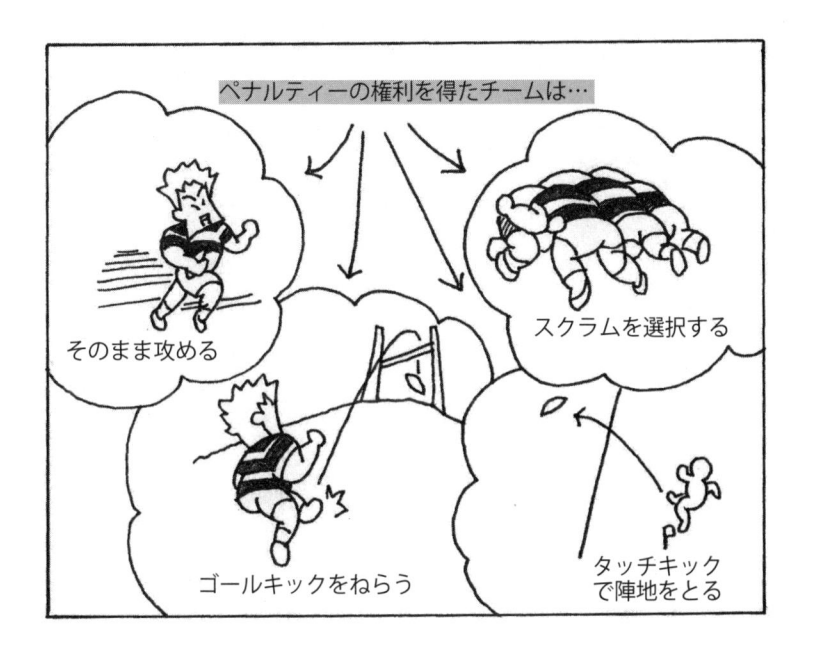

スクラムはフォワードの選手8人で組む。スクラムはその構造上、非常にバランスが悪い。スクラムの中は支えのない空洞である。押す方向、加える力のバランスによって安定性は崩れる。さらに、スクラムの衝突に加わる力は1トンにも及ぶと言われている。

　衝突後も、両チームの総重量が全力で押し合うわけで、間違ってバランスを崩したりすると非常に危険である。高校生のスクラムでは安全性を考慮して、押しが許されるのは1.5mまで、中学生以下では押すことが許されず、組み合うだけなので大きなけがは起きていない。

　また、スクラムを組まなければならない選手は、正しい姿勢保持や、頸部や体幹の十分な筋力トレーニングが必要である。

スクラムの中はからっぽ	衝突の力は1トンにも…
バランスをくずすと危ない	十分なトレーニングが必要

レフェリーは、双方の選手たちに正しく、安定するようにスクラムを組むことを義務づけている。これを守らない場合、守らなかったチームに対し、厳しいペナルティーが科される。

6．バックスはおしくらまんじゅうからのはぐれ者

　歴史的にラグビーは、2つのチームがボールをはさんで、ボールを奪い合う競技であると説明した。
　相手とのボールの争奪では大きな人だかりができて、密集状態のおしくらまんじゅうで勝敗が決まった。
　しかし、あるとき、このおしくらまんじゅうから飛び出した者が相手の追走をかわして、相手陣地深く攻めこんでしまった。

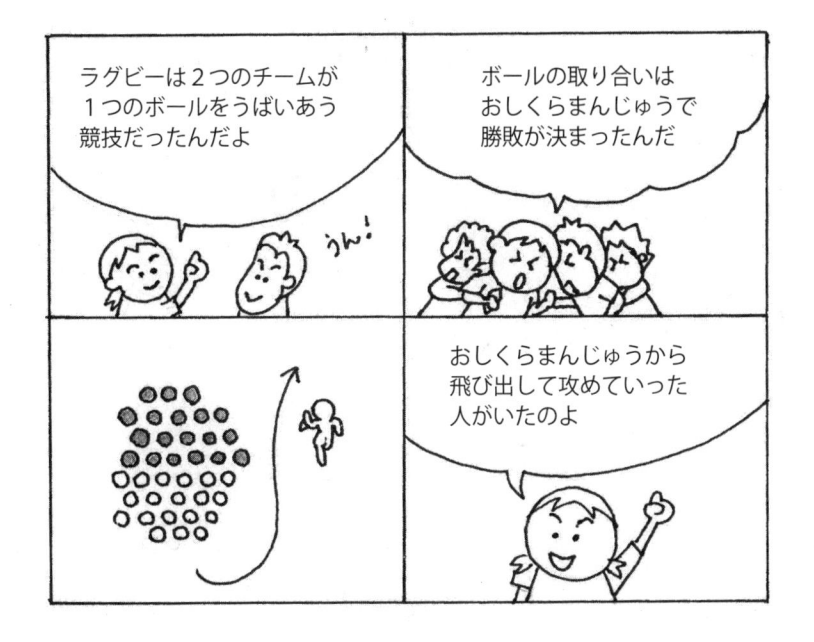

このはぐれ者は、とてもすばしこくて捕まえることができない。相手チームはこのすばしこい者を捕まえるために、さらにすばしこい者をおしくらまんじゅうの外に出した。双方がおしくらまんじゅうの外に、すばしこい者たちを2人出し、3人出しと繰り返しているうちに、現在のバックスの形態になっていったのである。現在では、1チームのメンバーが15人と規定され、フォワードが8人で、バックスは7人となった。

7．ポジションのはじまり

　ラグビーにも他の競技と同様にポジションがある。大きく分けるとフォワードとバックスである。

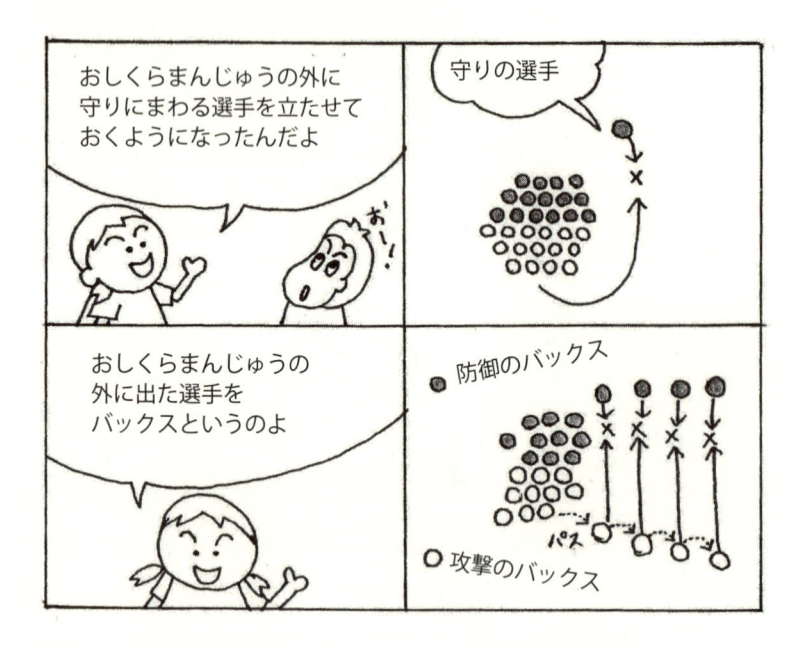

フォワードは主にボールの争奪に関わり、バックスはボールを展開し、前進させ、相手のインゴールに向かって攻め入る。
　大雑把に言えば、おしくらまんじゅうでボールを奪い、相手陣内に押しこんでいくのがフォワードであり、作戦を考えて相手陣地を侵略するために鬼ごっこを仕掛けるのがバックスである。ただし、いったんプレイが始まると、どちらのポジションも関係なく、おしくらまんじゅうや鬼ごっこに参加しなければならない。
　からだが小さいからといって、仲間が押されているのにおしくらまんじゅうの助けに入らなかったり、相手がすばしこくて捕まえられないからといって、相手を捕まえようと鬼ごっこに参加しないようならばチームプレイにはならない。

さらに細かく分ければ、フォワードにはスクラムを最前列で支える（プロップ：支柱①と③）、スクラムからボールをかき出す（フッカー：ボールをかき出す②）、スクラムをおす（ロック：押し込まれるのを食い止める④と⑤）原動力になったり、スクラムの最後尾（NO.8: スクラム８人の最後尾⑧）からボールを拾い上げて攻撃を仕掛けたり、スクラムサイドを守ったり（フランカー：サイドを守る⑥と⑦）、ボールが展開されてから、バックスと連携して攻撃を仕掛けるポジションもある。

　バックスは、フォワードが仲間同士の塊で動くのを中心とすると、そのフォワードからボールをバックスにつなぐ（スクラムハーフ：スクラムとバックスの中間⑨）、スクラムから離れて立つ（スタンドオフ：離れて立つ⑩）司令塔、バックスの真

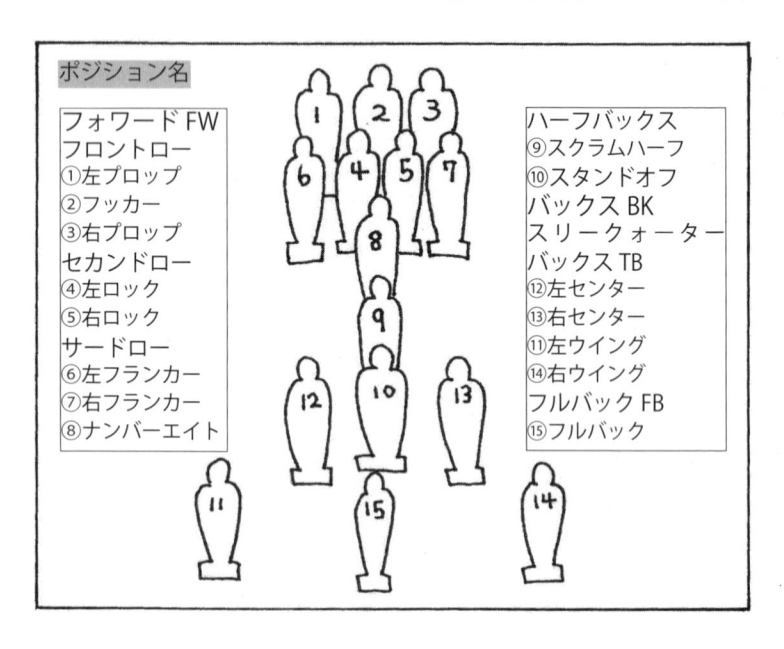

```
ポジション名

フォワード FW              ハーフバックス
フロントロー               ⑨スクラムハーフ
①左プロップ                ⑩スタンドオフ
②フッカー                  バックス BK
③右プロップ                スリークォーター
セカンドロー               バックス TB
④左ロック                  ⑫左センター
⑤右ロック                  ⑬右センター
サードロー                 ⑪左ウイング
⑥左フランカー              ⑭右ウイング
⑦右フランカー              フルバック FB
⑧ナンバーエイト            ⑮フルバック
```

ん中（センター：中心⑫と⑬）から攻撃を仕掛け、バックスの翼の位置（ウイング：翼⑪と⑭）にいてトライを狙い、またチームの最後尾に控えて（フルバック：最後尾⑮）最後の攻防の要となるポジションなどがある。

　ラグビーではフォワード、バックス、またポジションに関係なくチームワークが何よりも重要である。一人でも自分の役割をサボれば、攻撃も防御も成立しない。選手たちはばらばらに動いているように見えて、一つのプレイに対して必ず一つ以上の役割が与えられており、しかも、動きの中での連携プレイなので決められた動きをするだけではゲームの状況に対応できない。選手たちはボールの動きを見て、自分の見た情報を仲間に伝え、その情報から状況判断し、全力を尽くす。

チームプレーが何よりも大切
ボールの動きを見る

情報を仲間に伝える

状況判断をし

全力で攻め
全力で守る

チームのために自分のからだを犠牲にしてでも！。これがラグビーにおける組織的な連携ということになる。
　ラグビーのポジションは多種多彩であり、地味なものもあれば華やかなものもある。初めてラグビーに触れようとしている方々に感じて欲しいのは、選手たちがチームプレイのために、全身全霊で臨んでいるかということである。
　スクラムやラインアウト、キックされたボールの争奪場面において、全力で関わっているかどうかである。いったんボールを獲得したら、相手のインゴールに向かって全力で前進しようとしているか、全力でサポートしているか、密集状態のおしくらまんじゅうに全力で関わり、相手に全力でプレッシャーをかけ続けているかどうかである。

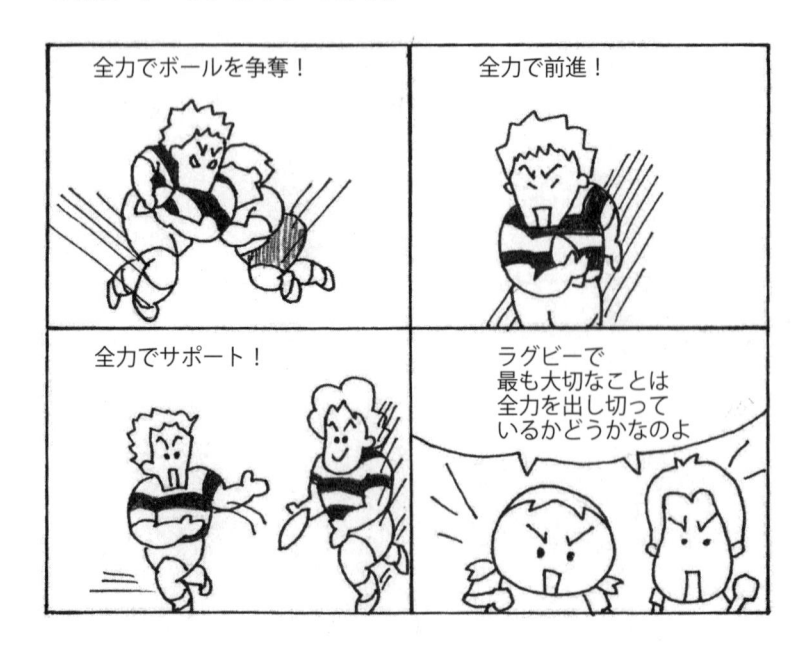

全力でボールを争奪！	全力で前進！
全力でサポート！	ラグビーで最も大切なことは全力を出し切っているかどうかなのよ

ラグビーにおいて、最も大切なことは、"全力を尽くして"いるかどうかである。全力を出し切ったプレイとは、感動するプレイである。意図的につくり出すプレイに、感動はない。感動するプレイこそよいプレイである。よいプレイとは、だれの目から見ても美しい。それを、ただただ感じてほしい。

8．攻撃と防御の一般的なパターン

　ラグビーではボールを持った選手がおしくらまんじゅうにしろ、鬼ごっこにしろ、陣取り合戦にしろ、結果的にボールを前進させ、相手陣内に深く攻め込み、最終的にボールを相手インゴールに持ち込んだ回数の多い方が勝っていると見ていい。

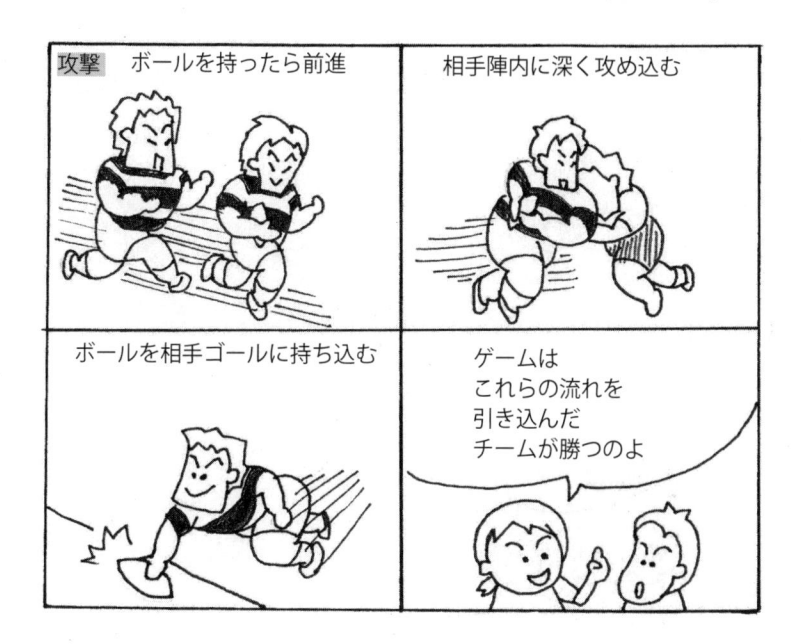

攻撃　ボールを持ったら前進	相手陣内に深く攻め込む
ボールを相手ゴールに持ち込む	ゲームはこれらの流れを引き込んだチームが勝つのよ

最終結果は、反則によるゴールキックなどで加点されるので、総得点の多い方が勝つことになるが、先に見たゲームの傾向が勝敗に影響することは間違いない。

　一方、防御の成功をどうやって判断するかであるが、防御する側も、おしくらまんじゅうで押しこまれていれば負けていて、押し返していれば勝っていると見る。

　防御の鬼ごっこでも、相手の走路をうまくカバーし、前進を食い止めるべく相手を逃さなければ成功である。進行を阻止する手段として、しっかりとタックルできていれば、成功ということになる。

　陣取り合戦も相手のキック攻撃で、簡単に陣地を取られないようにしっかりとボールをキャッチし、相手陣内に蹴り返す。

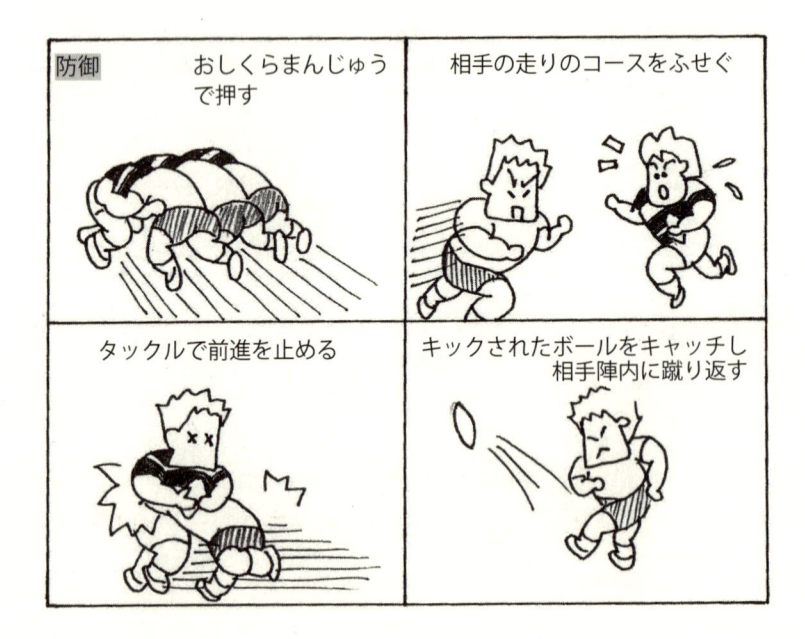

防御　おしくらまんじゅうで押す	相手の走りのコースをふせぐ
タックルで前進を止める	キックされたボールをキャッチし相手陣内に蹴り返す

あるいは自分でボールを持って防御をかわし、押し返せばよい。結果的に、相手がキックを仕掛けた地点まで押し戻せば、防御は成功したことになる。

　ラグビーはこの動きの繰り返しである。ボールを持った選手は相手に捕まらないように相手をかわし、捕まりそうになったら味方に（パスして）ボールをつなぐ。そして攻撃を継続する。
　防御側はボールを奪い返すために、相手を追いかけ、捕まえ、力づくでボールをもぎ取る。
　タックルとは、相手の下半身に体当たりして、力づくでボールをもぎ取るプレイである。相手を弾き飛ばしたり、押し倒したり、引き倒したりして、相手の進行を阻止する。

攻 相手をかわす	攻 つかまりそうになったらパス
防 相手を追いかけつかまえる	防 力づくでボールをうばい取る

タックルが最高の防御法といえるのは、以下のような合理的な理由からである。
①ルール上、タックルされた選手は地面に横たわったら、すぐにボールを放さなければならない。
②防御する側にとって最も合理的にボールを争奪できるチャンスである。
③偉大なタックルとは、自分のからだを犠牲にする勇気の象徴であり、高度な技術的・体力的鍛錬の証である。そしてこの成功は仲間を鼓舞する力となる。

９．プレイの再開と攻撃パターン
①スクラムからの攻撃

ボールを落としたり（ノックオン）、前に投げてしまう（スローフォワード）と、スクラムから攻撃が再開される。スクラムは、お互い8名ずつの選手たちが下のイラストのように組み合い、ミスをしなかったチームがボールをスクラムの真ん中のトンネルの中に転がして入れる。ボールは先に説明したボールのかき出し役（フッカー）により、最後尾のNO.8の位置まで運ばれる。

　スクラムからボールを前進させるために、そのまま押し込むこともできる。しかし、8人対8人のからだのぶつけ合い（プロ選手同士では1トン以上の衝撃力）なので、大変体力を消耗する。それに、そのまま力比べをしていても、面白みにかける。

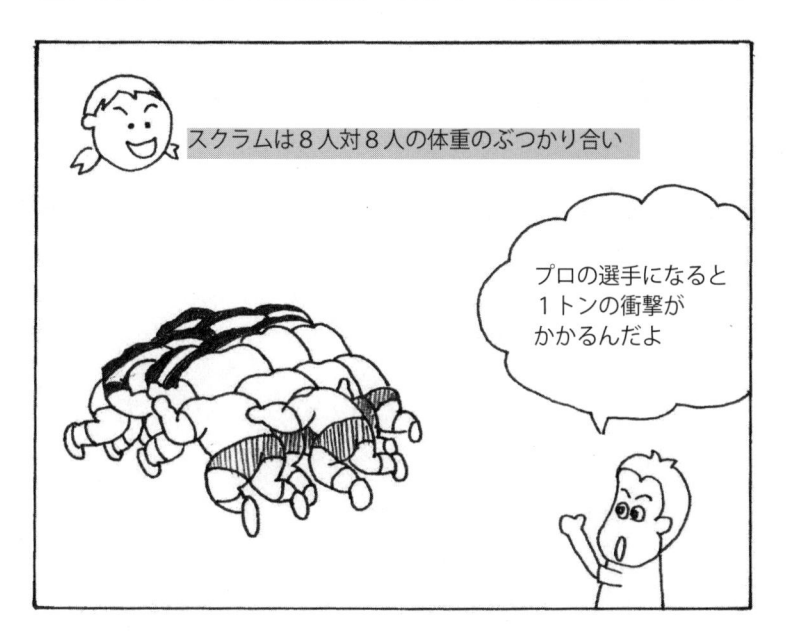

スクラムは8人対8人の体重のぶつかり合い

プロの選手になると
1トンの衝撃が
かかるんだよ

そこで、スクラムからボールを持ち出したり、バックスへボールを展開して攻撃を仕掛けたりすると、試合が動いて観ている人にとっても、やっている選手にとっても楽しくなる。

　スクラムからの代表的な攻撃は、
1）スクラムの最後尾のNO.8の選手がスクラムの横から抜け出していくサイドアタック
2）バックスにボールを出してパスをつないでいくバックライン攻撃
3）スクラムから出たボールを、敵陣深く蹴り込むキック戦法
などがある。

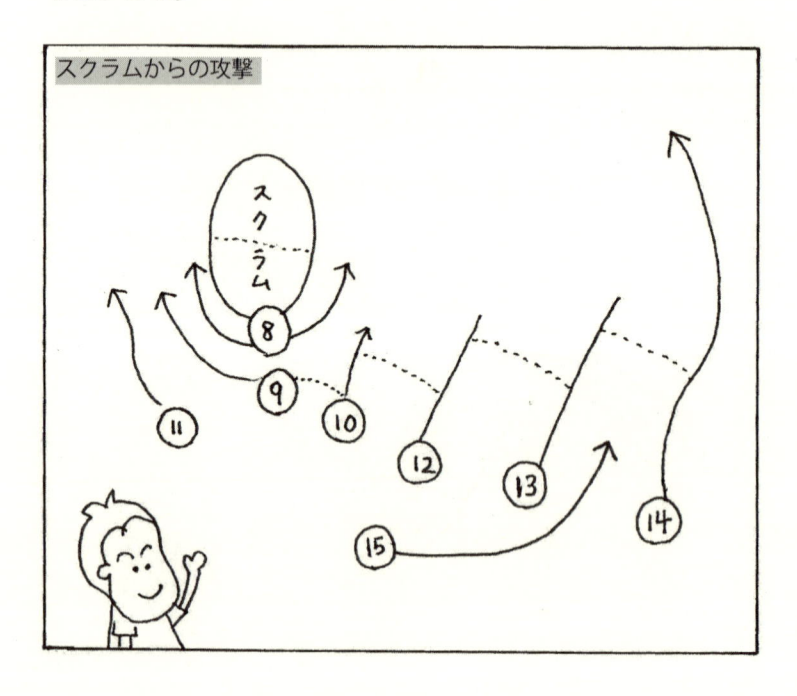

スクラムからの攻撃

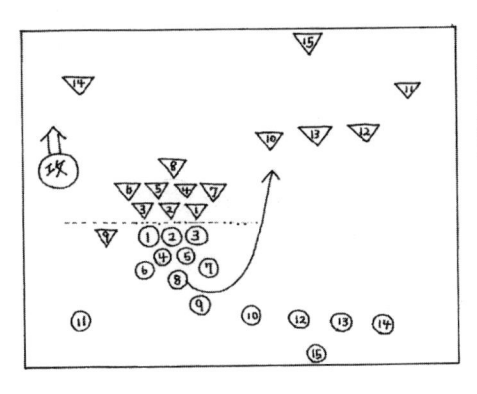

1)
スクラムの最後尾の
NO.8の選手が
スクラムの横から
抜け出していく
サイドアタック

2)
バックスに
ボールを出して
パスを
つないでいく
バックライン攻撃

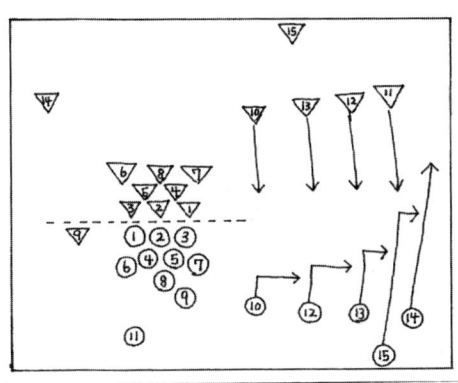

3)
スクラムから
出たボールを
敵陣深く
蹴り込む
キック戦法

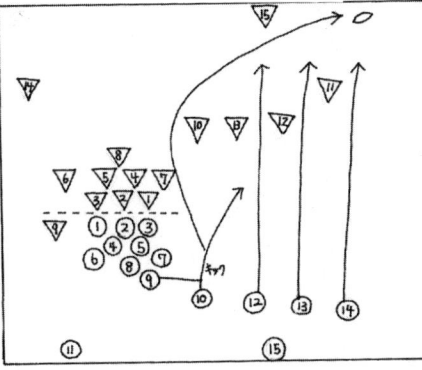

② ラインアウトからの攻撃

　ボールを持った選手が、そのままサイド（タッチ）ラインを割ったり、キックしたボールがサイドラインから出た場合、最後にボールに触れていなかった、またはキックしなかった側（攻撃権を得た側）のボールの投入でプレイが再開される。このときのプレイをラインアウトと呼び、お互いのフォワードがサイドラインに対して垂直に向かい合って並ぶ。

　その選手たちのちょうど真ん中に、攻撃権のある側の選手がボールを投げ入れる。ボールを争奪するにあたっては、両チームとも一人の選手を二人の味方が挟みながら、やぐらを組むように担ぎ上げる。そして一番高いところでボールを競い合う。

攻撃権のある側には、どの選手にどのタイミングでボールを取らせるか、事前にサインを送ることが許されているため、公平にボールを競いあっているようだが、ボール投入側が有利である。ただし、相手も邪魔をしにくるので、ボールを投入する選手の技量が問われる。

　ボールの争奪で、防御側がボールを獲得しても、そのまま攻撃することができる。ラインアウトからの攻撃は、スクラムのときと同様に、
1）密集状態のおしくらまんじゅうで押し込む
2）おしくらまんじゅうから飛び出して単独で攻撃を仕掛ける
3）ボールをキャッチすると同時にバックスに展開する

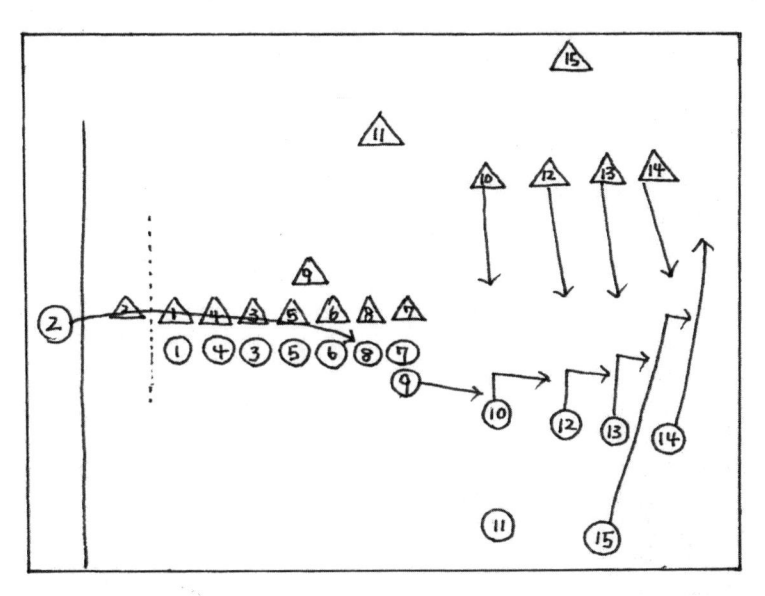

3）ボールをキャッチすると同時にバックスに展開する例

ラインアウトからバックスに展開した場合、相手はラインアウトの位置からさらに10m下がって守っているので、バックス攻撃は大変有効である。相手防御との距離がある分、攻撃的にはスクラム以上に有利であり、プレッシャーが少ない分、多様なサインプレイを組み合わせることができる。

10. ペナルティーからの攻撃パターン

　ペナルティーについては多少複雑な説明が必要になるのでここでは触れない。
　ラグビーでは重い反則を犯すと、ペナルティーキックからの攻撃権、もしくはペナルティーゴールが与えられる。

ラグビーでは反則すると相手チームに…	攻撃権の場合
ペナルティーキックからの攻撃権 が ペナルティーゴール が与えられる	タップキックという小さなキックをしてすぐ攻撃
攻撃側は自由なタイミングで開始できるのよ　有利	さらに　相手は10m下がらなくてはならない　ペナルティーの位置　10m

ペナルティーゴールは別として、攻撃権を与えられたチームは、

1）その場で自由な攻撃を仕掛けることができる。ペナルティーを犯し防御側に回ったチームは、ボールから10m後退しなければならず、攻撃側は好きなタイミングで開始できるので、圧倒的に有利になる。

2）攻撃側は陣地を獲得するために、タッチキックをすることができる。タッチキックを狙ってボールを相手陣地の深い位置に出しても、ペナルティーから得たタッチキックの場合は自チームに再度攻撃権が与えられるので圧倒的に有利である。

最大の効果は、ゴール前に蹴り出した後、ラインアウトからおしくらまんじゅうを選択して、インゴールに押し込んでしまえば時間をかけないでトライをとることができることである。

第8章　ノーサイドの精神

第8章　ノーサイドの精神

　ラグビーの試合時間は、80分以内と定められている。ハーフタイムの10分をはさんで40分ずつ（高校生は30分ずつ）である。ラグビーには原則的に延長戦という考え方はない。引き分けか得点が同じ場合は、トライ数の多い方に軍配が上がる。それでも差がなく、プレイオフなどで勝敗を決する場合には、5分の休憩を挟んだ前後半10分の延長戦を行うこともある。

　高校生の花園大会のように、短期間で勝敗を決めなければならない場合は抽選をすることもある。激しくタフなゲームであるため、いくら鍛えに鍛え抜かれた選手たちでも、集中力を欠き大事故につながりかねないからである。

キックオフでゲームがはじまり、ハーフタイムで休憩する。そして、ラグビーでは試合終了の呼び方に他のスポーツには見られない大きな特徴がある。それが、ノーサイドである。

　現在は諸外国のチームのプロ化に伴い、タイムキーパー制を導入して、時間を厳密に規定するようになったため、試合終了時にはフォーンを鳴らして、ゲーム終了を伝えるようになっている。

　そして、これまでラグビーの特徴でもあったノーサイドを改め、フルタイム（時間終了）というような味気のない呼び方に変更された。

もともとのラグビーのゲーム終了は、タイムアップとかゲームオーバーなど、単に試合時間の終わりをあらわすものではなく、互いに全力を出し切った選手たちは試合終了と同時にどちらのチームサイドのものでもなくなる。ノーサイドのホイッスルとともに仲間になるという精神を大切にしてきた。

　ノーサイドの精神とは、あくまでも全力を出し切って戦うことが大前提である。
　戦っている間は、相手を思いきり弾き飛ばしたり、ときには興奮のあまり相手を投げ飛ばしたり、勢いあまって殴りとばしたりすることもある。
　相手に引っかかれた傷もたえない。

ノーサイドとは試合終了と同時に…

どちらのチームサイドのものでもなくなるという意味！

仲間

ノーサイドの精神を理解してもらうのは難しいが、ラグビーの選手たちは試合が終わった後、よくお酒を飲みに行く（イギリスではパブに集まる）。

　その飲み会に相手チームが入ってきて、一緒に騒いでいたなんてことはしょっちゅうで、ラグビーで知り合った仲間とは卒業や引退でチームを離れても生涯にわたって友人でいられる。

　ラグビー場には試合後に簡単なパーティー（アフターマッチファンクション）ができるような設備が整っていることも、他のスポーツ会場とは違うところだろう。

何年か前に、ニュージーランド人の指導者と昔話をしていたとき、ニュージーランドでは夫婦同伴で、ゲーム後のアフターマッチファンクションに出席するが、試合中、つかみ合いをしてけがをしているのに、試合後に仲良く酒を酌み交わしている姿を見て、奥さんたちは呆れ返っていたという話を聞いた。
　これは海を越えたラガーマン同士の話である。

　ラグビー経験者がラグビーを愛してやまないのは、ゲームそのものの意義ももちろんだが、そこで築かれた対戦相手との人間関係を大事に思う精神が、そこに存在するからだろう。
　ノーサイドの精神は、ラグビーのゲームにのみ称揚されるものではない。われわれの日常の生活環境の中でも、ちょっとし

試合中つかみ合いをしていたのに…

試合後には仲良く酒を酌み交わしていた

ラグビーは人間関係を大切にするんだよ

た意見の行き違いはあるし、双方が納得いかないことはたくさんある。

それぞれ気の合うものもいれば、そうではない相手と仕事をしなければならないときもある。しかし、仕事は仕事、立場は立場として、言い分が異なったとしても、仕事が終わってしまえばノーサイド。

その後にまで引きずってしまうことが、両者の関係性において発展的であるとは言えない。

平和で、明るく、活気に満ちた社会を考えた場合、お互いが競い合い、論争を繰り返した後に、ノーサイドの精神でこれまで対峙した相手に臨むことができたら、どんなに素晴らしいだろう。

第9章　反則行為

第9章　反則行為

　ゲーム中に発生する反則の代表例について説明する。

　ラグビーのルールは確かに経験がなかったり、はじめて観戦する人たちには少々わかりにくい。しかし、細かいルールを知らなくても、基本のルールさえ押さえていれば、初めて観る場合でも十分ゲームを楽しむことができる。
　ラグビーの反則には、その反則の度合いによって罰の軽重がある。一番重い反則は意識的に相手に乱暴を加えるもので、退場になる。わざとではなくとも、相手に危害を与えた場合には一時退出を言いわたされる。

反則：意識的に相手に乱暴を加える

つまり、ラグビーは格闘技としての要素はあるものの、相手にダメージを与えるような暴力行為や危険な行為は絶対許されないのである。

　次に、相手のプレイを邪魔した場合である。その反則プレイがなければ相手の攻撃がスムースに行われたと判断された場合も重い反則（ペナルティー）が科せられる。
　ペナルティーが科せられると、前の章で述べてきたように相手は自由な攻撃ができる。また、ゴールの狙える位置であればゴールキックを選択することもある。
　いずれにしても、ペナルティーを犯した側には得点に絡むような重い罰が与えられる。

反則：相手のプレイの邪魔をする

ペナルティー！相手に自由な攻撃を与える

さらに、相手に危害や妨害行為を仕掛けないまでも、相手をだましたり、ごまかすようなプレイ、わざと味方の有利に働くよなプレイや、ゲームの進行を遅らせるようなプレイにも、ペナルティーほどではないが罰則（フリーキック）が科せられる。

　フリーキックが科せられると、直接ゴールは狙えないが、ペナルティー同様、反則した地点から自由に攻撃する権利が与えられる。
　ペナルティーと同様、反則を犯したチームはボールから10m後退しなければならないので大変不利になる。ただし、フリーキックの場合はペナルティーの場合のように、タッチに蹴り出して味方ボールにすることはできない。

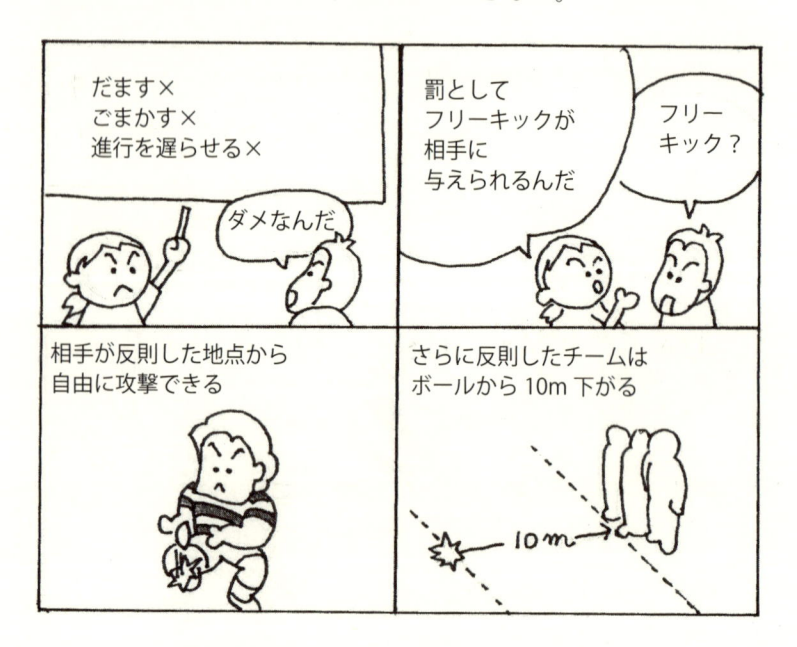

ラグビーの反則を大雑把に区分すると、以下の通りになる。

①相手に乱暴した
②相手を引っかけるような卑怯なプレイをした
③ボールを持っていない選手に対してつかんだり、ぶつかったりした
④密集状態の中のボールを手で扱った
　[ハンド]
⑤タックルされたのにボールを放さなかった
　[ノットリリースザボール]
⑥オフサイドの位置でプレイした。

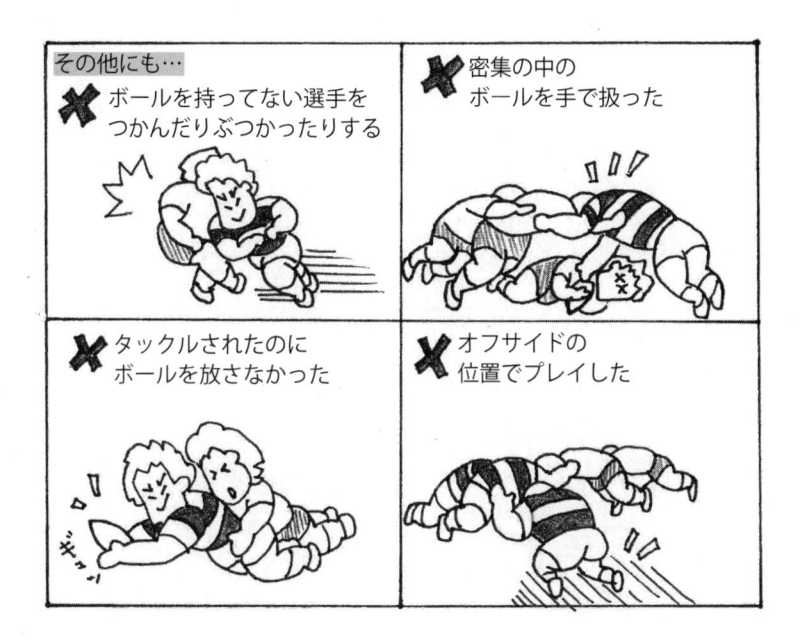

⑦プレイの継続を妨害するようにボール付近に倒れこんだ
　[オーバーザトップ]

⑧スクラムやモールを崩した
　[コラプシング]

⑨ラインアウトの中でボール争奪の妨害をした
　[オブストラクション]

⑩反則を繰り返した

# 第10章　タッチキックに関するルールとキック戦法

第10章　タッチキックに関するルールとキック戦法

キックには2通りある。

1つ目は、防御的なもので、相手から受けるプレッシャーを回避するためのもの。

2つ目は、攻撃的なもので、相手陣内へ深く侵攻したり、ハイパント（高いパントキック）、ショートパント（相手の裏側に上げる中程度の高さのパントキック）や、グラバー（地上を転がすキック）を使って攻撃を発展させるものである。

防御的なキックは相手の攻撃で自陣から抜け出すときに使う。自陣に攻め込まれているときは、たとえ攻撃権をもらっても攻撃を仕掛けることにはリスクを伴う。相手よりも圧倒的に

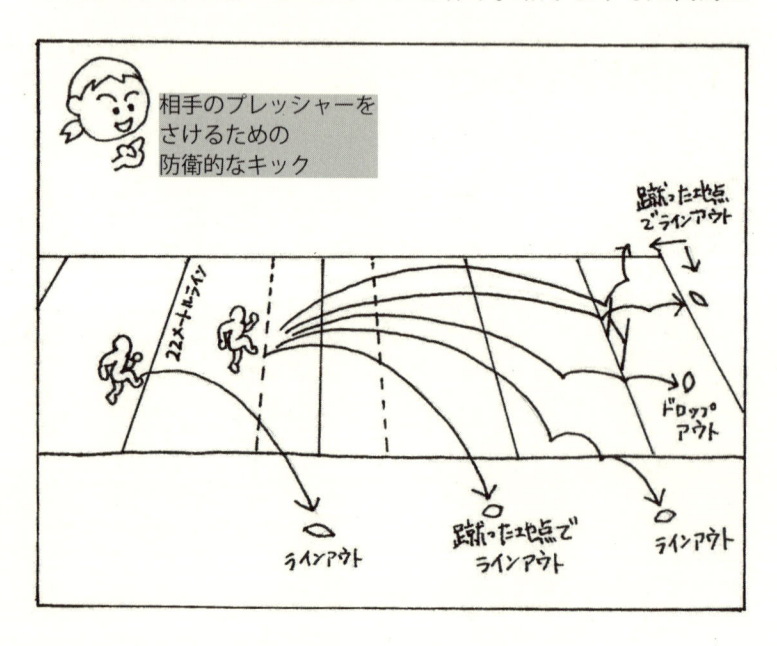

強ければ自陣から攻め込むことがあろうが、拮抗した力関係で自陣から攻めることはかえって相手の思うつぼになる。

　ゲームの終盤になって、攻撃を仕掛け一発逆転を狙うようなケース以外では、あまり無理はできない。長い距離を攻め続けることで味方の体力は消耗してしまうし、攻撃回数が増えればその分ミスの危険性も高くなる。もし相手のタックルにあい、ボールを落としたり、密集状態になってボールを奪われたり、あるいは反則をしてしまうと、そのまま相手に得点を許すことになりかねない。

　このように自陣において相手からのプレッシャーを回避するために、ロングキックを使って相手陣内に攻め込んだり、危険を回避するためにサイドラインの外に蹴りだす方法をとる。

攻められているときの攻撃はリスクがある	一発逆転のケース以外は無理をしない
ミスや反則は相手の点に…	防御的なキックは自分の陣地から抜け出すときに使うのよ！

ここで注意しなければならないことは、ダイレクトタッチというルールである。

１）スクラムやラインアウトなどの攻撃拠点が、自陣22メートルラインよりも自陣ゴール側のエリア内にある場合、蹴り出されたボールがサイドラインを通過した地点まで陣地を挽回することができる。

２）それ以外の場所に攻撃の拠点がある場合は、蹴り出されたボールが直接サイドラインを超えて通過してしまうと、ダイレクトタッチといって、キックした地点まで戻されてしまう。

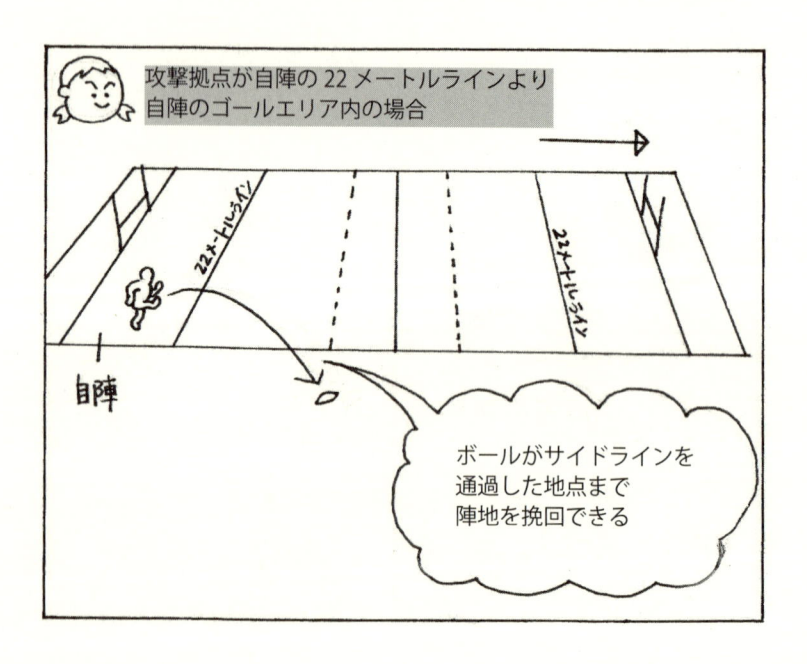

攻撃拠点が自陣の22メートルラインより自陣のゴールエリア内の場合

自陣

ボールがサイドラインを通過した地点まで陣地を挽回できる

このルールは、ラグビーの試合においてキックの多用を抑制しようという理由からできた。
　効果的な攻撃的キックは見ごたえがあるが、相手のプレッシャーを避けるためだけや、無策なキックの多用はゲームの面白さを半減させてしまう。

　攻撃的なキックはうまく使うと大きな武器になる。両チームの力に差がなく、攻防の力関係が拮抗している状況では、どのような攻撃を仕掛けても、均衡を破れないときがある。そのようなときには、防御の背後にハイボールキック、チップキック、グラバーキックといった戦術的キックを活用することで防御網を突破することができ、大きく陣地を挽回できる。

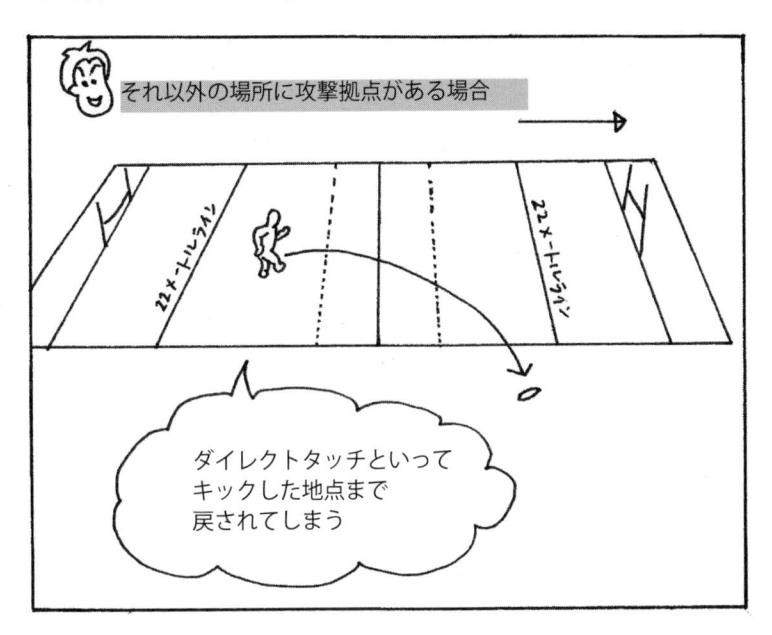

それ以外の場所に攻撃拠点がある場合

ダイレクトタッチといってキックした地点まで戻されてしまう

ボールを高く蹴り上げて味方にとらせたり、相手の防御の背後にふわりと浮くようなボールを上げて味方にパスするようなキックをする。ときには、地面を這わせるように転がしたりして、味方の追走者にボールを取らせ、そのまま防御を突破していくキック戦法はラグビーの頭脳プレイであり、試合の幅が広がる。フットボールとしてのラグビーの戦術を観ることは、試合の魅力を倍増させてくれる。

　先ほども述べたように、こういった戦術的キックは成功すれば大きな成果を得られるが、キックの高低、方向、距離、落下位置やタイミングを間違えてしまうと、相手に簡単にボールを与えてしまうために、かえって不利になることも多い。慎重かつ正確に活用する必要がある。

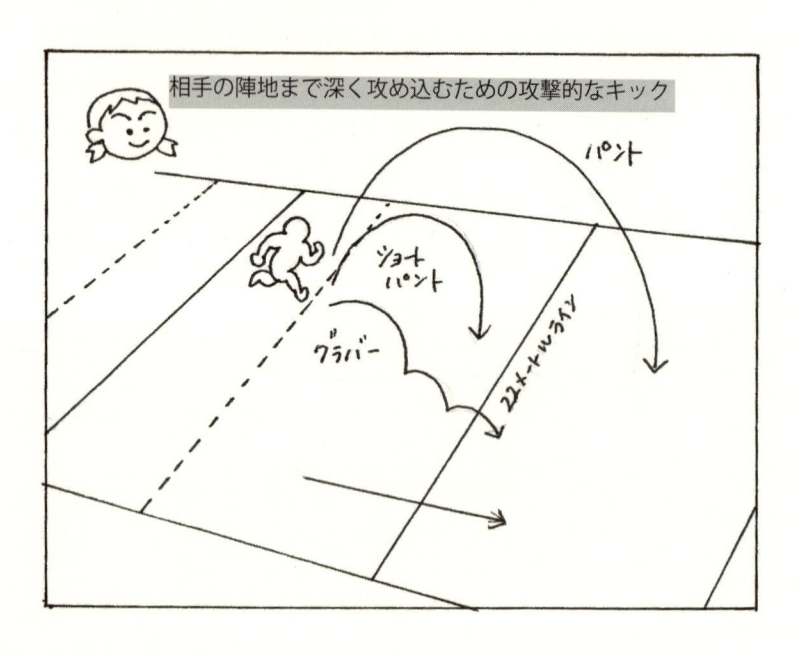

相手の陣地まで深く攻め込むための攻撃的なキック

パント
ショートパント
グラバー
スクリューキック

第11章 防御

第 11 章　防御

　ここまで、ラグビーのプレイをとくに攻撃面に関して説明してきた。
　どのスポーツにも攻撃と防御はあるが、ラグビーの場合はそれぞれが別々に機能するのではなく、常に表裏一体である。
　攻撃側がボールの争奪や自分たちのミスでボールを失ってしまうと、すぐさま防御に転じるわけで、常に選手たちは攻撃と防御を意識しながらゲームを展開しなければならない。

　一般的にどのスポーツでも攻撃面が過度に強調される傾向があり、防御については比較的軽く扱われがちである。

ラグビーという身体接触を繰り返し、肉体的にも精神的にもタフさを求められる競技では、防御力が強いチームほど高い成果を上げることができる。

　つまり、両チームの力が拮抗していた場合、防御力の高いチームが勝利を収めることになる。

　防御力が強いチームは点を取られにくいため、失点をしなければ、結局、負けることはない。少ない攻撃のチャンスか、激しい一発のタックルで相手の選手がミスか反則をし、結果、ゴールキックやドロップゴールなどの最少得点でゲームが決することもある。

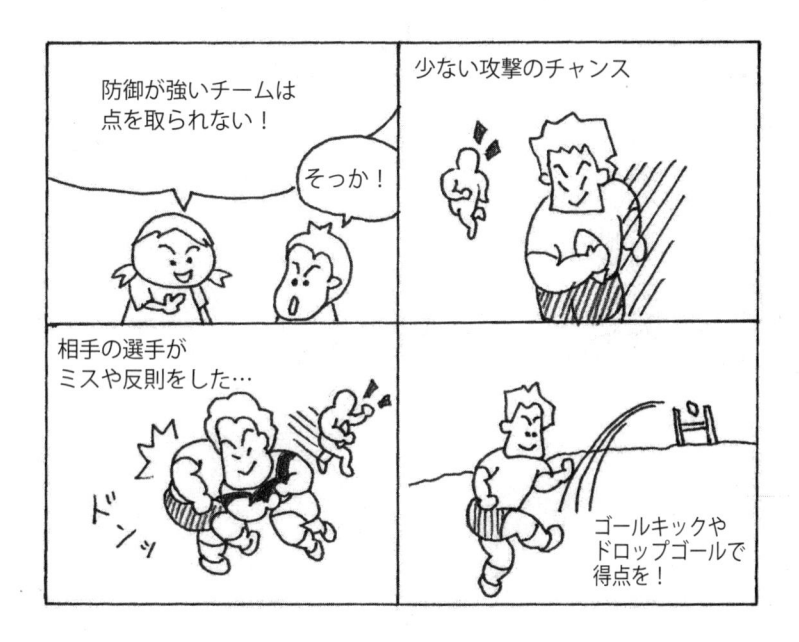

1995年のワールドカップ南アフリカ大会の決勝戦は80分間のフルタイムで勝敗を決することができず、延長の末、ドロップゴールで南アフリカが優勝(南アフリカ15-12ニュージーランド)を決めた。

　また、2003年のオーストラリア大会の決勝でも、延長戦の末、イングランドが一発のドロップゴールでオーストラリアを破った（イングランド20-17オーストラリア）。

　いずれの試合とも熾烈な防御戦で、延長戦でも、相手防御を崩してトライによる加点を見ることはなかった。
　すさまじい防御と防御の戦いであった。

タックルの技量や体力が、高ければ高いに越したことはないが、防御においてそれ以上に重要なことは、仲間同士の信頼である。

　ラグビーはチームプレイである。
　とくに防御はチーム一丸となって組織的に行われなければならない。
　一人のスーパースターがいて得点をたたき出しても、タックルができない選手であれば、そこに穴ができてしまい、味方は彼を信頼することはできない。そこに不安があると、防御網は簡単に破たんしてしまう。

防御で重要なのは仲間同士の信頼	タックルできない選手がいるとそこに穴ができる
防御には痛みが伴う	だから試合は十分な準備と心がけが必要なのよ　なるほど…

決して精神論のみを取り出して、防御を議論するつもりはないが、防具をつけないラガーマンたちは、自らのからだを思いきり相手にぶつけることで防御に加勢するわけで、当然、痛みも伴うし、下手をすれば大けがをしてしまうことさえある。

　試合に際しては十全の準備と心構えが必要である。もしこうした準備と心構えのない選手が試合に出場しても、チームは決して勝利できない。

　タックルは自分のからだを犠牲にして、全力で掛からなければならない。正確なわざと、不屈の精神と、頑強なからだがあってはじめて成し遂げられるものである。

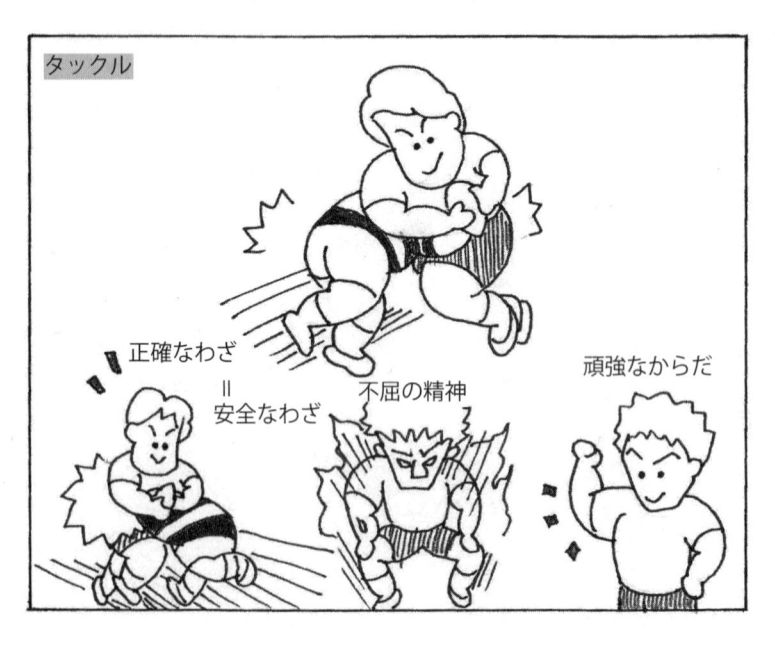

タックル

正確なわざ
＝
安全なわざ

不屈の精神

頑強なからだ

いくら戦術的にすばらしい防御網を持っていても、一人の選手がタックルできないだけで、チームは坂を転げ落ちるように崩壊してしまう。

「一人はみんなのために、みんなは一人のために」

チームの勝利のために、ラグビーの精神がここに必要になってくる。
それでは、信頼とはラグビーの練習をしっかりやり、試合で活躍できれば得られるものだろうか？

人の信頼を勝ち取るとは、いったいどういうことか？

若者たちがこのことを学ぶために、ラグビーという競技に身をおくことは、とても意義のあることだろうと個人的には思っている。長年の経験からそう言わせるのかもしれないが、この点については、拙著『楕円の学び』に詳述しているのでここでは割愛するが、指導者としてラグビー選手やチームの強化を図ってきて、強いチームと弱いチームの分かれ目というのは、まさにここにあると言っていい。
　このことに気がつき、そのことを徹底的に身につけた選手やチームができたとき、人から信頼される選手づくり、人づくりができ、そして指導者の役目が終了するといっても過言ではない。ラグビーの防御力とは、おおげさにいえば命がけの信頼の証であると言ってもいいかもしれない。

第12章　子どもたちからの素朴な質問

第12章　子どもたちからの素朴な質問

　ラグビーに長年携わってきているが故に、自分では十分説明できたと思っていても、初めてラグビーを観る方々にとっては、依然、多くのことが分からず、素朴な疑問が残ったままということがままあるようだ。
　本書はラグビーに初めて接するお子さん、ラグビーを野蛮なスポーツと思われているお嬢さん、子どもさんにやらせてみたいがどんなスポーツなのだろうと感じておられるお母様方に、一度、手にとって読んでもらいたいという思いで書き始めた。

　正直、私自身はいつも自画自賛、ラグビーは最高！

　ラグビーが一番素晴らしいスポーツで、ラグビーをやったら子どもたちを立派に成長させることができる、人づくりに最適だ、などと考えてばかりいる。

　今回はラグビーを、〝おしくらまんじゅう〟と〝鬼ごっこ〟の〝陣取り合戦〟、などとデフォルメして、かなり満足したようなところがある。文章もわかりやすくしたつもりでいる。
　拙著、『ラグビーを観に行こう！』の全面改訂ということもあって、文章の中にふんだんにイラストを入れたから、大好評を博すこと間違いなし、というつもりでいる。

　"つもり…"。

しかし、たぶん、わたしの意図に反し、この本の内容がまったくわからない、と思われる方々もたくさんいるだろう。

あらかじめ、本書をまとめるにあたって、ラグビーには触れた程度で興味はあるが、これから先、どのように踏み込んでいっていいかわからない、という子どもたちからの疑問点を集めてみた。

本書を読み進めるにあたって、何かしらの参考になればと考える次第である。

これ以上の疑問に関しては、日本ラグビーフットボール協会にお問い合わせいただければ、可能な限りわかりやすくお答えしたいと思う。

連絡先：jrfu@rugby-japan.or.jp

Q ＆ A

1．ポールの高さに規定はあるの？

正式名称はゴールポストという。このゴールポストはＨ型をしているが、直立ポールの高さは3.4m以上、地面と水平のクロスバーまでの高さは3m、2本の直立ポールの幅は5.6mと規定されている。

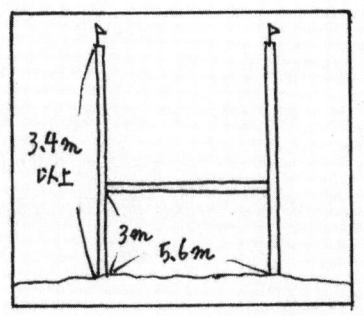

2．ポールはなぜH型をしているの？

　ラグビーという競技は元来、戦闘を模して考え出された競技であるために、相手の城を攻撃するという意味があるといわれている。城門になだれ込んでいくことから、このような形がとられたのではないかといわれている。中世ヨーロッパのお城の形を模したということなのだろう。

3．なぜ、ボールは楕円形なの？

　豚の膀胱を使ったという程度の答えはあるようだが、実際には牛の膀胱の方がサイズ的には近いといわれている。一般的に解釈するならば、サッカーはボールをドリブルすることでゲームを進めていくのに対して、ラグビーはボールを保持して、走ったり、パスをしたり、相手とコンタクトしてボールを争奪する競技なので、楕円球の方がむいていたと考えられる。また、真相はともかく哲学的に説明する人たちもいる。ラグビーは人生そのものである。ノーサイドの寸前まで、ボールの弾み方いかんで勝敗が決することもある。ラグビーの醍醐味であるかもしれない。

4．どういうポジションがあるの？

　PR（プロップ）、HO（フッカー）、LO（ロック）、FL（フランカー）、No.8（ナンバーエイト）、ここまでをフォワードという。SH（スクラムハーフ）、SO（スタンドオフ）、CTB（センター）、WTB（ウィング）、FB（フルバック）、これらの選手がバックスである。それぞれに特定の役割があり、さまざまな体格や身体能力によって、おのおののポジションが振り分けられている。

5．どれくらいの時間試合するの？

　15人制の国際試合は40分-10分-40分、その他、19歳未満の試合時間は35分以内と定められている。日本の高校生の試合は30分ハーフである。7人制の試合時間は、7分-1分-7分であるが、国際大会の決勝戦では10分-2分-10分になることもある。すべて大会ごとに決定され、大会要項の中に盛り込まれている。

6．耳あてをつけている人とつけていない人は何が違うの？

ラグビーでは耳あてのことをヘッドギア（またはヘッドキャップ）という。

試合中に倒れたり、敵・味方の選手にぶつかってしまったときに頭を守る防具として使われる。ヘッドギアを装着するかしないかは個人の自由である。ただし、フォワード選手の場合、スクラムを組むときに耳がこすれるので、装着する選手が多いのは確かである。また、頭部や耳の保護に注意を払ったり、けがの予防措置として装着する選手もいる。日本の場合、高校生以下の選手に対しては、装着を義務づけている。

今ではヘッドギアの装着より、マウスピースの装着が強調されている。マウスピースは歯の保護ばかりでなく、装着時とそうでない場合とでは、装着時の方が脳震盪の発生率が低いという統計的な裏付けがある。マウスピースの装着には、他にも歯を食いしばることで力の発揮に多大な効果を上げることができるという報告もある。

7．アメリカンフットボールとの違いは？

1）選手の人数が違う。ラグビーは15人、アメリカンフットボール（アメフト）は11人である。

2）ラグビーは15人が攻撃と防御を同時に行うのに対し、アメフトは11人の選手が攻撃と防御で入れ替わる。
3）ラグビーはボールを後ろにパスして陣地を獲得していくのに対し、アメフトは前にボールを投げて陣地を獲得していく。
4）ラグビーでは、選手がジャージー以外に身につけていいのはマウスガード、肩当て、ヘッドギアなどである。指先をカットした手袋や傷口を覆うための包帯やテーピングの類も可能であるが、アメフトのようなヨロイ型の肩当てや、ヘルメットなどの装着はできない。

8．監督はなぜスタンドにいるの？

　ラグビーでは、ゲームがいったん開始されると、野球やアメフトのように攻守交代やタイムアウトがない。
　しばらく前までは、メンバーの交代さえ、けがによるもの以外は許されなかった。したがって、40分の前半が終了するまで、グラウンドにいる選手たちは、自分たちのの判断で試合を展開していた。
　ラグビーは肉体的にも精神的にもハードな状況に追い込まれるため、選手たちは過酷な戦闘状態の中で正確な状況判断を要求される。

監督やコーチは試合が始まると、選手たちから離れて戦況を見守るしかできない。したがって、試合開始前までに十分に準備をし、いったん試合が開始されると全権をキャプテンに託す。ラグビーにおけるキャプテンシーは、このような理由があるから大変重要で、優れたキャプテンがいるとチームも強いというのも事実である。

　ゲームの中でのキャプテンシーは、日頃の練習から培われていることは言うまでもない。

　監督は試合がいったん始まってしまうと門外漢、観客の1人になってしまう。ブレザーを着てスタンドで、戦況をじっくり観察するようになった。ただし、近年のラグビーは国際的なプロ化に伴い、ルールも大きく変化した。これによって監督の果たす役割も変化し、他の球技同様に、けがの有無に関わらず戦術的なメンバー交代もできるようになり、試合中のデータ分析をもとに、間接的に試合にかかわるようになった。

9．ラインアウトはどこまで選手を持ち上げていいの？

　可能な限り高く持ち上げた方が、相手との競り合いに打ち勝つために有利だが、ルールでは、「ジャンパーを挟みあげる選手（リフター）は、ジャンパーのパンツの範囲内を持つようにしなければならない」と規定されている。

このルールを守っていれば、どこまでも高く持ち上げてよいが、実際には、ジャンパーとリフターの身長や技術によってボールをキャッチする位置の高低差が出てくる。

10. ラグビーに退場はあるの？ イエローやレッドカードは？

不正なプレイをしたり、相手に乱暴を働いた場合、その反則の度合いにより、シンビンという一時退場するもの（イエローカード）と、完全に退場させられるもの（レッドカード）がある。シンビンは10分間の一時退場で、レフェリーが許可するまでは競技区域内に戻ることはできない。コーチとの接触もできない。さらに反則の度合いが高い選手に対しては、レッドカードが出され一発で退場を命令される。

11. ラグビーに自殺点はあるの？

サッカーのように、味方ゴールに得点をしてしまう自殺点はないが、ゴール前でのパスミスやキックミス、スクラムやモールでのミスプレイから相手のトライになることはある。

ラグビーの場合、相手から強烈なプレッシャーを受け、味方のインゴールエリアに自分たちでボールを持ち込んでしまうと、相手ボールのスクラムでゲームが再開され、自殺点まではいかないが大変不利になることは確かである。

12. ボールの転がり方の予測はできるの？

熟練した選手は、ある程度の予測をすることができる。意図的に蹴ったボールであれば、キッカーは空中や地上にあるボールの回転を見ることでおおむね予測できる。もちろん、グラウンドの状態まで把握することはできないので、完全に予測することは不可能である。一方、ワンバウンドまでにとらないと2回目以降のバウンドは方向の予測が立たないので大変処理しにくくなる。このあたりは上級者の観察視点になる。

13. キックのとき、みんな休んでいるが他にすることはないの？

この場合のキックとは、ペナルティーによってゴールを狙っているときのキックのことだろうが、この場面ではルール上

キックが蹴られるまで、相手選手は動くことができない。反則した側に与えられた罰則の続きである。トライした後のゴールキックは、キッカーが動き出したら直ちにキッカーにプレッシャーをかけることができる。

14. レフェリーは一人で大丈夫なの？

　歴史的な意味については本文で述べたので、ここでは割愛するが、ラグビーの国際化、プロ化に伴い、近年では判定の厳正さを求めてチームスリーが定着した。
　レフェリーが一人では限界があるという議論から、レフェリーの判断を補佐するかたちで、選手交代をサポートする一人と二人の線審、計三名のアシスタントレフェリーがレフェリーサポートに回るようになった。
　さらに、環境の整った世界のトップレベルの試合ではトライに限り、判定の精度を増すためにビデオレフェリーという映像を用いた判定がレフェリーをサポートするようになった。

15. ラグビーの試合はどこに行ったら観られるの？

　ラグビーシーズンは主に9月から2月である。9月に入ると毎週土曜日と日曜日に、社会人の試合や大学生の試合が全国各地の競技場で行われている。
　日程や会場などの詳細は、日本ラグビーフットボール協会、関東ラグビーフットボール協会、関西ラグビーフットボール協会、九州ラグビーフットボール協会のインターネット・ホームページで検索することができる。

16. ラグビーを観るのに一番いい場所はどこ？

　ラグビーの試合を観客として見る場合には、グラウンドの真ん中に実線でひかれたハーフウエイラインの延長線上、しかも、グラウンド全体が見渡せるような比較的高い位置がよい。国立競技場や秩父宮などの競技場では、貴賓席の辺りがその位置にあたる。その反対側のスタンドだと、日差しの加減で見にくくなることもあるが、観る位置としては適している。

ただし、われわれ指導者が試合を分析するような場合には、ラグビーボールの後方にカメラを設置して、横からばかりでなく縦方向から見ることもある。

また、選手の顔や声を身近に感じたい、選手同士の衝突の臨場感を得たいのならグラウンドレベルで観るのもよいが、できるならば、グラウンド全体が見える場所をお勧めする。とくに冬の寒い時期はバックスタンドの方が、かえって陽当りもよく暖かく観戦できるかもしれない。

17. どこを観てるとより面白いの？

前述したように、ラグビーには試合を効果的に進めるための原理が5つある。この5つの点を注意しながら観るとゲームの運びかたの善し悪しが分かってくる。

1つ目は、ボールの争奪。双方の選手がボールの争奪に全力を尽くす。タックルの局面も争奪の場面である。

2つ目は、前進。ボールを持ったら前進することが最も重要である。ボールを持って走るのも前進、スクラムで押し込むのも前進、モールやラックでの押し込むのも前進である。

3つ目は、サポート。前進するために一緒になって、ボールの近辺にサポートする選手が、多ければ多いほどいいチームといえる。

4つ目は、継続。ボールを獲得して前進し、サポートしたからといって、ゴールラインまで簡単にボールを運べるものではない。相手の防御に捕まるからである。このような場合、プレイを継続してさらに攻撃を続けなければならない。パスを使って継続したり、相手とコンタクトして、モールやラックなどの密集のプレイでボールをしっかり確保するのである。

5つ目は、プレッシャー。試合の勝敗を決定する要因と言っても過言ではない。とくに防御面で相手に徹底的にプレッシャーを掛けミスを誘い込むプレイや、強烈なタックルで相手の攻撃を寸断してしまうプレイはラグビーの醍醐味である。

また、スクラムやモールなどで相手にプレッシャーを与え続けることも大切で、プレッシャーによるボディーブローは試合の後半になると大変効果が出てくる。

18. どういうチームがあるの？

日本のラグビーは、大きく分けて、
①社会人 ②クラブ ③大学 ④高校 ⑤中学校 ⑥ラグビースクール という6つのカテゴリーに分かれる。

社会人は、ジャパンラグビートップリーグに代表される東芝やサントリーなどのチーム、クラブはラグビーをしたい人たちで集まったチームが中心である。

19. ラグビーをやりたい子どもはどこに行けばいいの？

各地域でラグビースクール（RS）を開校している。近くのRSが分からない場合は、日本ラグビーフットボール協会に問い合わせていただければ、近隣のスクールを紹介することはできる。
連絡先：jrfu@rugby-japan.or.jp

20. なぜ、日本代表チームには外国人がたくさんいるの？

日本代表になれる外国人選手は、以下の基準を満たしていれば可能である。
（1）日本で出生している。または、両親、祖父母の1人が日本で出生している。
（2）協会に登録した後、引き続き3年以上継続して日本に居住している。
（3）他国の代表選手であっても、最後の試合から3年以上経過し、上記の基準に達している。
このうちの1つを満たしていれば日本代表選手になれ、人数的な制限はない。

第13章　日本のラグビースタイル

第13章　日本のラグビースタイル

1．スタイルとは何か？

　ラグビーという競技では、国の代表チームに外国人選手を選出できる。日本もその例にもれず、代表チームに外国人選手がいる。前章で回答したように、ルールに従ってさえいれば人数の制限はない。

　チーム全員を外国人選手で構成することも可能である。ルールで許されているのだから、最強のチームができればよいのだと言う人もいるだろう。

それでも、日本代表チームで外国人選手がプレイすることは、多くの日本人にとって違和感があるようである。

　また、現在の日本代表のように、外国人監督がチームの采配を振るい、周りを固めるスタッフに多くの外国人を配して、選手もチームの半分近くが外国人であれば、いったいこのチームはどの国の代表なのかと言われても仕方がないだろう。

　日本のラグビーを発展させていくには、子どものころからしっかり日本の取るべき戦い方を教え込み、それに必要な技術や体力を身につけさせることが大切である。

日本のラグビースタイルが、誰の目から見てもわかりやすく一貫した指導体制の下、徹底される必要がある。これまでの日本ラグビーは、このことにこだわることができなかった。代表監督が変わるたびにチームの方針は変化した。いったい日本のラグビースタイルとはどういうものだろうか。

　しかし、このことに思いを馳せる前に、何よりも大切なことは、その選手が日本人であれ、外国人であれ、本当にこの国を愛し、この国の歴史に誇りを持ち、この国の風土、伝統、文化に尊崇の念を抱いているかどうかだとわたしは考える。

　ラグビーはイギリスを発祥とするスポーツであるが、日本固有の伝統を継承してきたこの国で、日本のラグビーは特異な発達を遂げた。

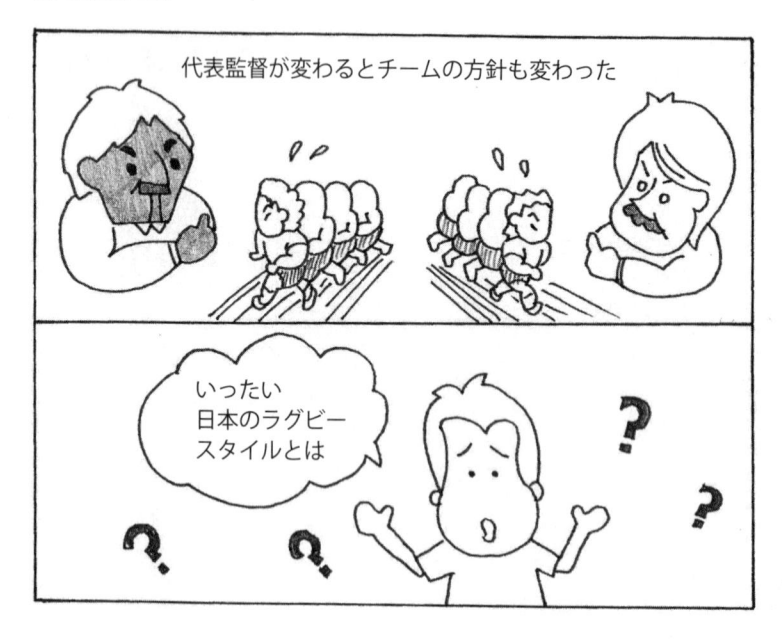

イギリス人がラグビーというスポーツを子どもたちの人間教育のために活用した古きよき伝統は、日本の学校教育の中でさらに深く受け継がれ醸成されていったと言ってよい。

　イギリスのジェントルマンシップと日本の武士道の精神、あるいは、日本人の几帳面な性格が融合し、最上のかたちでこの日本で継承されていった。それはラグビーの美学と言えるかもしれない。

　単に競技として勝敗を重んじることより、いかに戦い、いかに結果に向き合うかということである。プロセスに重きをおき、結果に対しては真摯に向き合う。このことが、人間教育を重視したかたちで社会に大きな影響を与えた。日本社会には、ラグビーを通じて多くの有能な人材が輩出されていった。

イギリス人がラグビーを 人間教育に活用した伝統が…	日本の学校教育の中で 深く受け継がれていった
ジェントルマンシップと武士道	いかに戦い いかに結果と向き合うか！

一方で、テストマッチでも大きな成果を残している。過去には体格や体力で大きく上回る諸外国のチームと互角以上に戦った。

　1970年代には、ラグビーの母国イングランドと接戦を演じ、オールブラックスジュニア（世界ランキング第1位のニュージーランド代表予備軍）に勝った。

　1980年代には、ラグビー宗主国の一角を成すスコットランド代表を破ったこともある。体格や体力で劣る小兵の日本人が、どうして世界の列強国と互角に戦うことができたのか？

　それは、日本固有のラグビースタイルを徹底できる指導者がいたということと、それを忠実にこなす選手たちがいたからである。武士道の精神にも見られるように、徹底した人間同士の

信頼と忠誠心がチームの真髄となっていた。

"戦術に絶対はないが、絶対を信じない者は敗北する"

は、元日本代表監督の大西鐵之祐先生の言葉である。
　日本固有の戦術を生み出し、日本人固有の精神性をチーム全体がもつことで、体格や体力的なハンディキャップをはね返すほどの戦い方が確立できる。激しい鍛錬に裏打ちされる戦いであったはずだが、日本人にはそれができるという証でもある。
　日本のラグビースタイルとは…。

それは、日本ラグビーが目指す"究極のこだわり"である。

極論すれば、勝とうが負けようが、自分たちが決めた戦い方に、どれだけこだわれるかである。

　大西の言う、

「戦術に絶対はないが、絶対を信じない者は敗北する」

という思想がなければ戦えない。

　もちろん、そこまでに自ら考案した戦術に対して、確信を持てるだけの科学的根拠が必要である。

2．日本のラグビースタイル

　最後に2019年ラグビーワールドカップに向けて、日本のラグビースタイルを考えるとき、間違いなく忘れてはならないことを以下に記して本章を終えたい。
　日本のラグビーは、2019年のワールドカップで、世界のベスト8に入ることを目標とした。
　そのためには、次のような条件をクリアしていなければならない。

1）世界のベスト8を実現できる、具体的なものでなければならない

161

2）日本人の特徴を最大限に引き出せる魅力あるものでなければならない

3）日本のラグビーを支える人々に賞賛を持って支持されるものでなければならない

4）奇策をもってするも、法令を遵守し、フェアプレイに徹するものでなければならない

5）他国に類を見ない特徴を有し、誰からもその特徴がわかるものでなければならない

そして、日本スタイルを明確にすることで以下のことが可能になる。

1）日本固有の戦術を確立できる

2）この戦術を実現できる指導者を選抜することができる

3）この戦術を可能にする選手を発掘し選抜することができる

4）この戦術に即した具体的かつ計画的なプログラムを策定することができる

日本のスタイルを明確にする ①戦術を確立	②指導者の選択
③選手の発掘と選択	④具体的で計画的なプログラム

3. 日本のラグビースタイルを標榜する4つのH

　　Hikuku　　　　　　：低く
　　Hayaku　　　　　　：速く
　　Hageshiku　　　　 ：激しく
　　Hashirikatsu：走り勝つ

日本代表が世界のベスト8に入るために、絶対的にこだわらなければならないことは、

世界一低いプレイをする。

世界一速いプレイをする。

世界一激しく戦う。

世界一の持久力で走り勝つ。

というチームづくりである。

この4Hを、具体的な戦術に落とし込んだ試合ができたとき、日本のラグビースタイルが確立されたと言える。

終章　日本が一つになるとき

終章　日本が一つになるとき

　本書のサブタイトルに、"日本が一つになるとき"と書いた。2年越し、3年越しの拙著『ラグビーを観にいこう！』の改訂版としての本書の執筆に着手のきっかけをあたえてくれたのは一本の電話であった。

　コカ・コーラウエストの監督、向井昭吾さん。元日本代表の監督であり、東芝ラグビーを3連覇に導いた名将である。

　電話の内容は、彼の職場の同僚のお子さんが難病にかかり、海外で移植手術をしなければ命が助からないという。
　費用が高額で、個人で工面できるものではないので、義援金を募っていこうと思うので協力して欲しいということであった。

　翌日の朝刊の片隅に、偶然にもやはり同じような境遇で義援金を募っている子どもの記事が出ていた。一人の力ではどうすることもできない。
　それでも仲間がいて、人々が助け合い、協力し合うことのできる人はよい。

　暗黙の中の声にならない苦悩の叫び声は、この国を覆いつくしているようにさえ思える。全世界のありとあらゆるところで聞こえてくるように思う。

All for one, one for all.
一人はみんなのために、みんなは一人のために。

この思いを身にしみて感じた。

わたしはラグビーというスポーツだけが栄えて、ラグビーだけが発展していけばいいとは考えていない。

ラグビーだけがかしこいからだ（拙著、『ラグビーが育てるかしこいからだ』参照）を育て、ラグビーだけが社会を変えるちから（もう一つの著作、『ラグビーのちから』）をもっているなどとも毛頭思っていない。

どんなスポーツにも人の心に訴えるものや、人の成長に役立つものがあるだろう。
スポーツの持つ人間形成機能は、いかなるスポーツの指導者にめぐり合っても異口同音に肯定される。そして、スポーツには多くの仲間が集ってくる。
こういった仲間たちに一つの思いが宿れば、大きなちからが生まれる。

ラグビーが専門だから、ラグビーを通じて何かに貢献できるのではなかろうかと考える。

ラグビーには、この競技を称揚する多くの標語がある。

　プレイ一つをとっても、国会の答弁で現役の総理大臣が「みんなでスクラムを組んで頑張りましょう」などという。

　先ほども述べた通り、「一人はみんなのために、みんなは一人のために」、「ノーサイドの精神」も一般的によく使われている。

　こういったスポーツが涵養する精神性というものは、間違いなく社会に影響を与えるだろう。
　この社会が平和で明るく活力に満ちたものになることで、元気をなくし、行く末に失望した人たちに優しく手を差し伸べることを希求する。
　そのためには、共生と寛容の精神をそなえた社会をつくっていかなければならない。その手助けに少しでもなれば…。

　スポーツの果たす役割はたくさんあるのだろうと考える。

　ラグビーには社会を変えるちからや人を育てるちからがあると書いた。リーダーをつくり上げる力があるとも。
　また、それが何であるかをラグビー経験者たちは言葉にしてこなかったと、あえてわたしはここで言いたい。ラグビーのちからとは何かを。

1）Believe ということ

　日本代表チームのヘッドコーチ、ジョン・カーワン氏は Believe（信じること）をチームのスローガンにしている。

　いったい何を信じるのか？

　身を挺してボールを守り、自分にパスを繋いでくれる仲間を信じるのか…

　ボールを追いかけていけば、必ずフォローに来ている仲間を信じるのか…

　ラグビーは仲間同士の関係の中でプレイをする。その中で人とは何か、信頼とは何か、ということを具体的に覚える。他者との信頼関係が成立しなければプレイは成立しない。

　ラグビーでは自分自身を信じきることが必要になる。

　自分より大きな相手を止めるためには、練習で培ってきた自分の力を信じるしかない。信じることができなければ、相手の懐に飛び込むことはできない。
　ラグビーは激しい鍛錬の中で、自分を知り、自分自身への信頼を生み出す。

ラグビーには、人と人をつなぐちからがある。そして、自分の歩んできた道と、自分の今を、また、自分の今を自分の未来へとつなぐちからがある。

2) One for all, all for one ということ

　ラグビーの世界を超えて、よく使われるこの言葉である。

　One for all は全体のために一人の選手が犠牲になること、all for one は一人の選手のために他の選手たちが援助に回ることだと思われがちである。

　それでは、犠牲や援助をいとわないことが、ラグビーのちからなのだろうか？

　そういう面もある。が、少し違う。

　犠牲とか援助とかということではなく、ラグビーでは、一人の選手のプレイが、その人だけにとどまらないということを意味しているのだ。

　まさに、リーダーを生み出す原理がここにある。

　リーダーとは？

大きな声で人を先導する人？
困難な仕事を率先して引き受ける人？
いつもみんなの中心にいて、和を作り上げる人？

私は考える。

リーダーとは、その人自身の行動が常に全体を意識して実践できる人である。
自己の利益や我意に囚われるのではなく、常に自らの行動を自らが所属する集団と結びつけて考えられる人である。
リーダーとは個人的な存在を指すのではなく、集団的な存在を意味するものである。

ラグビーでは、特別に能力の高い人がいても、その人だけで得点するのは不可能である。一人のプレイは、必ず誰かのプレイと関係を持っている。
さらに、味方と相手双方の残りの選手たちの位置取りによって、自らの動きを変えていかなければ得点に結びつかない。

このように、One for all とは、一人の選手の意思決定がひとりよがりのものではなく、常に他の選手との関係の中で行われるということを意味している。
そして、All for one とは、一人の選手の意思決定がチーム全体のもの、集団的なものとなるように、他の選手が自らの判断で動くことを意味する。

その行動は、誰か強い人への従属ではなく、一人ひとりの選手が自ら考え、全体との関係性の中で、自分の位置を知り最適の選択をすることである。

　つまり、ラグビーでは、キャプテンのみがリーダーなのではなく、一人ひとりの選手が、それぞれリーダーとしての役割を持つ必要があり、リーダーとしての資質を培うことができるのである。

3）No side ということ

　本書の中でも述べたが、今でこそ違え、ラグビーの試合の終了は元来ノーサイドと呼ばれた。

　試合では激しく戦った相手であるが、日常に戻ったら、同じラグビーという文化を担う仲間だという意識を持つ。
　不思議なことにラグビーは、楕円のボールを奪い合う肉体的な闘争のスポーツだが、競技の特質とはまったく異なる別の論理が組み込まれている。

　それがノーサイドという言葉に集約されている。

　ラグビーには競技における激しいぶつかり合いやボールの争奪に見られる闘争的側面とともに、そうした闘争を根幹のところで支える深い哲学のようなものがある。

これはラグビーを実際にプレイした人には、暗黙のうちに身についていくことであるが、ラグビーを経験したことのない人には理解できない。さらには言葉にして伝えるのが最も難しい部分である。

「ラガーマンよ、静かに社会に帰れ！」という言葉である。

　ラグビーは特定のスターをつくらない。

　試合でいかに活躍しても、それはグラウンド上だけのこと。オリンピックで金メダルを取った選手が芸能人のように、毎日マスコミに登場するようなことはしない。今後もそうあってほしい。

　オリンピックで7人制のラグビーが大いに活躍できたり、日本で開催されるワールドカップで、チームや選手がマスコミなどに注目されるようになったときに、このようなきれいごとを言っていたのでは時代遅れと言われても仕方ないが、ラグビーに根付いた精神や哲学がそう簡単に崩れて欲しくない。

　ラガーマンは、グラウンドを離れれば、翌朝、普段通りに、高校の授業に参加し、大学の授業に出席し、会社に出勤する。

　日曜日に激しい試合をして途中退場した選手が、月曜日の朝、なにくわぬ顔で、「おはようございま〜す」と登校し、出勤する。

たとえ、その額に血のにじんだ大きな絆創膏が貼ってあったり、松葉杖をついていたとしても、しっかりと元気に現れて欲しい。

　ラグビーは、非日常的なグラウンドという闘争の場で行われるスポーツであるが、試合が終われば、また、日常へと戻っていく。このスポーツに関わることで、日常は単に繰り返される毎日ではなく、強度のある日常へと組み変わっていく。

　われわれラグビー関係者は、ラグビー選手が社会人として有能だと勝手に思っている。その事例がたくさんあるとは言えるのだが、その説明は、いつもどこかこじつけに見える。
　しかし、ただ一つだけ言えることがある。それは、ラグビーはラグビーだけに終わらないということである。

　人間が、この社会の中で生きるということを、深い部分で支える確かなものをラグビーはもたらしてくれる。ラグビーのちからが本当に試されるのは、ラグビーという競技から離れた競技場以外のところにあるのかもしれない。

　日本が一つになるときと書いた。

　ラグビーはラグビーで終わらない。ラガーマンにとって本当のちからが試されるのは、ラグビージャージーを脱いで、この日本社会に出て行ったときからはじまる。

社会とはまさに One for all, all for one の創造物なのである。

一人はみんなのために、みんなは一人のために。

あとがき

　世界中のすべての人にラグビーを分かってほしい。

　指導者になってからさらに強まったこの思い。何十年経っても、自分の期待とは裏腹になかなかうまくいかない。

　毎冬、たくさんのラグビーファンが秩父宮ラグビー場や国立競技場に集う。
　ラグビーというスポーツに触れたことのある人は、その魅力に酔う。興奮をひた隠し、寡黙にじっくりと戦況を見据えるその視線は、まるでラグビーを知らない他者を一切受け付けないかのようである。

　ラグビーはなかなか広がらない。彼らの寡黙さ故なのか。

　一方で、ラグビーというスポーツの複雑さ、ルールの難解さがその原因だと言われている。もしそうであるならば、そんなラグビーと多くの人々との間にある壁を壊したい。これまで多くのラグビー好きがチャレンジして、もろくも破れ去ったこの壁の倒壊に全力を投じたい。

ラグビーは、"鬼ごっこ"と"おしくらまんじゅう"と"陣取り合戦"だ。子どものころ、誰でもやったこれらの遊びの延長線上に喩えれば、決して特別なものではない。
　ただ、その鬼ごっことおしくらまんじゅうと陣取り合戦とを、鍛え抜かれた選手たちが本気でやることで、ラグビーには特別な価値が伴う。

　本書で論じてきた One for all, all for one、No side の精神やキャプテンシー。
　自己利益が優先され、権力の支配がある現実の世界でこれらの価値をそのまま実現することは難しい。しかし、ラグビーというスポーツを通して、目に見えないこうした価値を目に見えるかたちで提示することはできる。
　スクラムでぶつかりあいボールを死守するプロップの選手、からだの大きな選手に突き刺すようなタックルをするからだの小さな選手、張り詰めた緊張感の中で難しい角度からコンバージョン・キックを蹴る選手、その一つひとつのプレイがそのまま価値をかたちとして見せている。

　「一人はみんなのためにがんばる」。

ラグビーはそんな徳目だけを称揚するものではない。

　そこには、日頃の鍛錬と仲間同士の堅い信頼という確かな日常とのつながり、まだ見たことのない価値を自らのからだで実現しようとする強い信念、一人ひとりの選手を全人格にわたって本気で一人前の人間に育てようとする指導者の強い意志がある。それらが凝縮して、ラグビーの試合は成立する。
　わたしの伝えたいことは、ラグビーの技術論や戦術論ではない。甘っちょろいと言われても、勝ち負けの手法ではなく、ラグビーの価値なのである。

　それには、まずラグビーを観てもらうしかない。

　いくら日常からほど遠いと言われても、なじみがないと言われても、とにかく観てもらうしかない。
　10年前に『ラグビーを観に行こう！』を著したのは、そういう思いからであった。

　今年、7人制ラグビーがオリンピックに採用され、2019年には日本でワールドカップが開催される。

実際に、世界のトップレベルの試合を観るチャンスがやってくる。
　そんな大イベントがくる前に、もっと多くの人にラグビーを知ってもらい、観てもらいたい。

　前著『ラグビーを観に行こう！』では、ルールや戦術の解説にも重きを置いたが、今回はルールや戦術の解説は最低限にとどめた。
　また、ラグビーに直接関係していない人に文章を読んでもらって、何度も練り直した。少しでもわかりやすくなっていることを願うばかりである。

　今回も多くの方々にお世話になった。

　イラストは、東京藝術大学大学院美術研究科博士課程を修了した、屋宜久美子さんにお願いした。普段、人の心に深くしみいる抽象絵画を描いている屋宜さんにとって、まったく無縁だったラグビーというスポーツのイラストを描くことは大変な苦労だったと思われる。あえて屋宜さんにお願いしたのは、ラグビーがラグビーの世界だけで終わらず、広い世界へとつながっていく契機となればと考えたからである。

また、巻末の質問は、現役中学生の児美川拓実くんが寄せてくれたものを基本にしている。

　その回答は、日本ラグビーフットボール協会の永井康隆さんにお手伝いいただいた。

　出版にあたっては、今回も叢文社の佐藤公美さんにお世話になった。佐藤さんと一緒に出した本は、これで6冊目になる。筆者の思いをかたちにして世に出すのに助力を惜しまない佐藤さんにはいくら感謝しても足りない。

　本書のタイトル通り、すべての人にラグビーが広がることを願って、今後もこの身の朽ちるまで、ラグビーのために飛び回り、ラグビーの価値が現実のものとなるよう努力していきたい。

2010年12月21日

日本ラグビーフットボール協会普及・競技力向上委員会
　　　　委員長　上野裕一

著者

上野裕一（うえの　ゆういち）

昭和36年山梨県生まれ。昭和55年山梨県立日川高校卒業。昭和59年日本体育大学、昭和61年日本体育大学大学院修士課程修了。日本体育大学助手、ニュージーランド・オタゴ大学の客員研究員を経て、平成2年流通経済大学講師、平成5年同大学助教授、平成11年同大学教授、平成21年同大学スポーツ健康科学部学部長となり現在に至る。

選手時代はSOとして活躍、平成2年流通経済大学ラグビー部監督に就任。「ランニング・ハンティング・ラグビー」を実践し、5部のチームをわずか7年で大学選手権に出場するまでに育て上げた。

日本ラグビーフットボール協会コーチ委員会委員長、同強化委員会副委員長を歴任、現在は、2019年ラグビーW杯日本開催に向け、ラグビーの普及と強化の両面の責任者である、日本ラグビーフットボール協会普及・競技力向上委員会委員長として活動している。

IRB（インターナショナル・ラグビー・ボード）コーチエディケーター／トレーナー（アジア地区担当）。日本体育協会公認競技力向上マスターコーチ。

著書に『日体大Vシリーズ・ラグビーフットボール』『ラグビーを観に行こう！』『ラグビーのちから』（編著）『ラグビーが育てるかしこいからだ』（小松佳代子共著）『楕円の学び』（小松佳代子共著）

イラスト

屋宜久美子（やぎ　くみこ）

美術作家、1980年沖縄県生

東京藝術大学大学院美術研究科博士後期課程修了、博士（美術、東京藝術大学大学院）

主な展覧会

「釜山国際アートフェア」（韓国釜山文化会館、2010年）、「JCデザインコンペ」〈大賞〉（時間生物学会、2010年）、個展「青の記憶」（ギャラリーアトス、2010年）

ラグビー・フォー・オール
〜日本がひとつになるとき〜

発　　　行：2011年3月10日　第1刷
著　　　者：上野裕一
発　行　人：伊藤太文
発　行　元：株式会社叢文社
　　　　　　112－0014
　　　　　　東京都文京区関口 1-47-12
　　　　　　TEL　03-3513-5285
　　　　　　FAX　03-3513-5286
編　　　集：佐藤公美
イ ラ ス ト：屋宜久美子
装幀・レイアウト：コズミック

印　　　刷：モリモト印刷

定価はカバーに表示してあります。
乱丁・落丁についてはお取り替えいたします。

Yuichi UENO　　©
2011 Printed in Japan
ISBN978-4-7947-0661-4